光の源の大計画　Part 3

知球暦 光四年 知の時代の到来

新人類の生誕

知　抄

たま出版

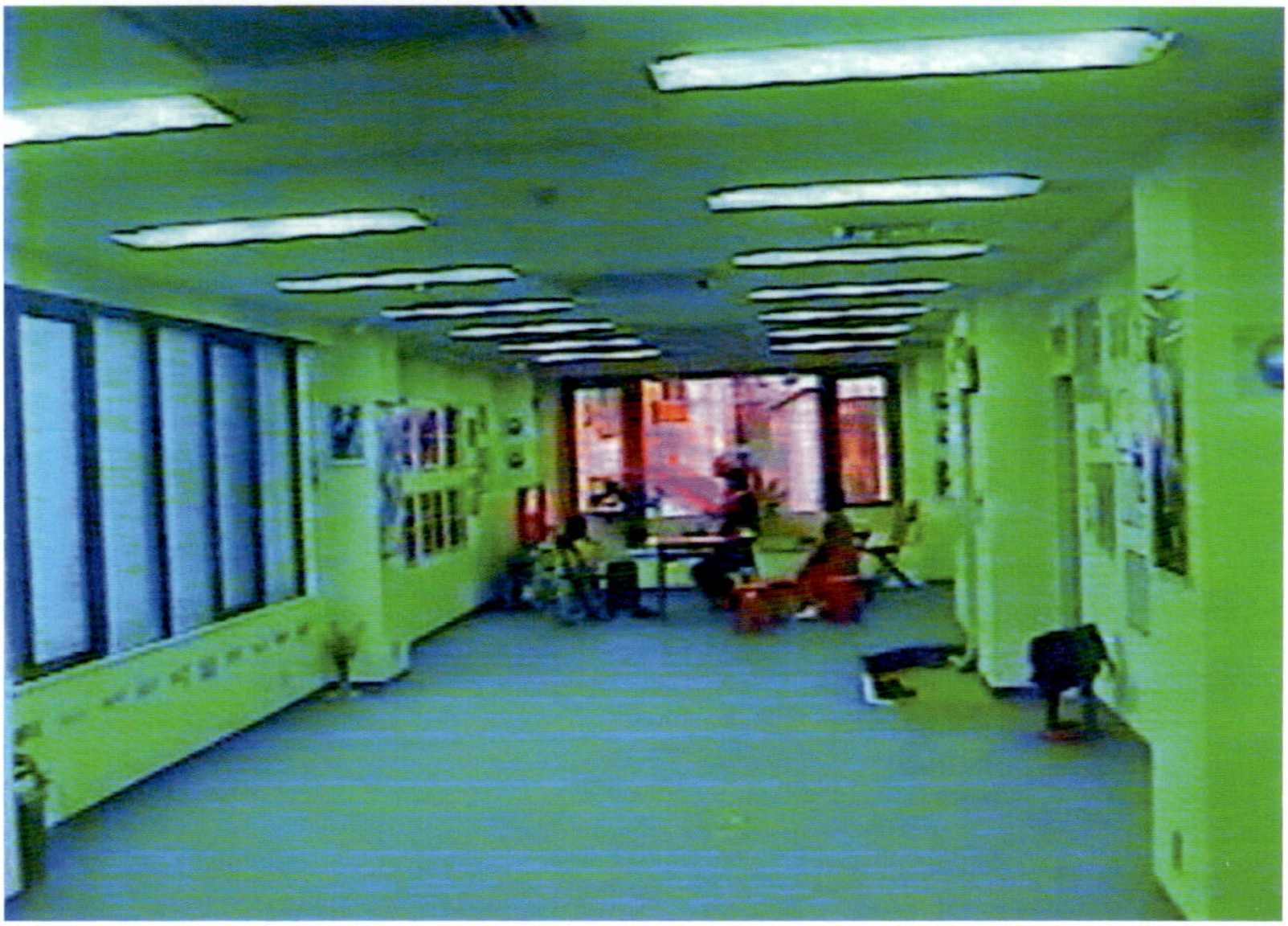

2013. 9. 8

2013. 7.14

2013. 7.14

2013. 8.25

2013. 8.25

光の地球に同化しよう
2013. 7.14

2013. 7.14

2013. 7.15

2013. 7.15

2013. 7. 6

2013. 7.27

はじめの言葉《ことば》

この本は、〃本にして　本に非ず〃

喜びと賛美と感謝に満ちる、真の自由と真の平等と真の平和をもたらす、光と化した地球を生きる人類への道標《みちしるべ》です。

地球の惨状を真摯《しんし》に憂い、各人の低我の思考による喧騒《けんそう》の中で、国家も個人も、右往左往している原因を、この本で、対応することが出来ます。人間は、**自由意思**という尊い賜り物を、光の源から頂いています。そして、向上心も備えあります。しかし、思考による累積されて来た既成概念は、人間進化への足枷《あしかせ》となり、今の地球の惨状という負をもたらしました。

数億劫年前より準備されてきた、〈**地球を光と化す大計画**〉は、今ここに、その真実を証と共に、公表する時を迎えました。

〃**人間とは、本来、光そのものです**〃

光の地球は、〈**光そのもの**〉として、〈**光の英知**〉を、顕現する知の時代の到来です。

地球のこの現状を良き方へと願うお方には、この本の内容は、すべての解決策として、道標《みちしるべ》となります。本が、そこに、あるだけで、周りが浄化されて行きます。また、手にして、少しずつ読み進めて最後迄、読み終えることが出来れば、新しい視野が開け、良い方へと必ず、導かれます。

光の地球に、適応し、自らの意思で同化するか、片意地張って、既成概念の闇の中で、自らが向上心を阻み、光の地球で成す術《すべ》も無く、眺めているかだけです。

この地球の惨状から、抜け出したいと心から願うお方にとっては、目から鱗《うろこ》というより、この時を迎え、真実を今、有りのまま公表した意図を、魂で受け止め、読了出来たお方は、光の地球に同化しながら、人間進化への、新しい旅立ちが出来ると思います。

この本を手にしただけで、喜びと、賛美と、感謝が増しますよう、祈念致しております。

二〇一三年 八月 二十三日

光人（ヒカリビト）記

目次

(1)

金粉は　本当に実在でした

二〇一三年 七月 十四日

(2)

金粉が場内のあちこちに現出

二〇一三年 七月 十四日

(3)

金粉の顕現　知の時代の到来

二〇一三年 七月 十四日

(4)

勢揃いされた〈十字の光〉の御前で

二〇一三年 七月 十四日

(5)

金粉をこの手で採る!!

二〇一三年 七月 十四日

(6)

座席の周りに　沢山の金粉が……

二〇一三年 七月 十四日

(7)

細胞六〇兆の生命《いのち》の雄叫《おたけ》び

二〇一三年 七月 十四日

(8)

私の旅路を思い知りました

二〇一三年 七月 十四日

(9)

金粉は　本当に　本当なんだ！

二〇一三年 七月 十四日

(10)

沢山の金粉を見つけて……

二〇一三年 七月 十五日

(11)

セミナーは　素晴らしい

二〇一三年 七月 十五日

(12)

金粉を賜る

二〇一三年 七月 十五日

(13)

数年ぶりに セミナーに参加して

二〇一三年 七 月 十八日

(14)

セミナー後 〈智超法気功〉の教室で

二〇一三年 七 月 十八日

(15)

セミナー後の〈はつらつ元気教室〉で

二〇一三年 七 月 十八日

(16)

セミナー後の火曜教室で

二〇一三年 七 月 十八日

(17)

大きな金粉見つけた

二〇一三年 七月 二十四日

(18)

私の手にも金粉が……

二〇一三年 七月 二十四日

(19)

金粉が降る・ルネサンス教室にて

二〇一三年 七月 二十四日

(20)

ハートの形をした金粉が……

二〇一三年 七月 二十五日

(21)

私の手にも　二粒の金粉が出ました

二〇一三年 七月二十七日

(22)

セミナーのビデオ拝見の恩恵

二〇一三年 七月二十七日

(23)

サロンでビデオを見る

二〇一三年 七月二十七日

(24)

ビデオでセミナーを深く学ぶ

二〇一三年 七月二十七日

(25)

セミナー開催から二週間が過ぎて

二〇一三年 七月 二十八日

(26)

高級内丹静功法《こうきゅうないたんせいこうほう》の実技中に金粉が……

二〇一三年 七月 二十八日

(27)

セミナー後　各教室でも金粉が

二〇一三年 七月 三十日

(28)

眼鏡拭きに複数の金粉が……

二〇一三年 八月 十二日

(29)　サロンで〈光そのもの〉に
二〇一三年　八月十四日

(30)　サロンからの帰路　手に金粉が
二〇一三年　八月十五日

第二部　新人類の生誕
光生命体の証／117

◇1◇　新人類の生誕　〈人間が光になる〉
新人類の生誕セミナーにて
二〇一二年　十二月二十四日

◇2

新人類の生誕〈光そのもの〉として

新人類の生誕セミナーにて

二〇一二年十二月二十四日

◇3

〈光生命体〉として　新たなる旅立ち

新人類の生誕セミナーにて

二〇一二年十二月二十四日

◇4

知抄の光の威力と共に〈光そのもの〉に

光の地球に同化しよう　セミナー

二〇一三年　七月十四日

◇5

知抄の光の威力と共に〈自力救済〉を

光の地球に同化しよう　セミナー

二〇一三年　七月十四日

6

知抄の光の威力の偉大さに
畏れを感じる
二〇一三年 八月十一日

7

同化した朱の中で
胸がピカッと輝く
二〇一三年 八月十一日

8

朱と黄金のビデオの凄さ
圧倒され 平伏すのみ
二〇一三年 八月十一日

9

救い主 知抄の光に
人間は もはや 委ねるしかない
二〇一三年 八月十一日

10

すべてが真実であり
必ず　証されていること
二〇一三年　八月十一日

11

地球全土へ光を放つ
使命遂行の術《すべ》の体得
二〇一三年　八月十三日

12

光の地球に同化するには
理論理屈は不用
二〇一三年　八月十三日

13

光人（ヒカリビト）生誕
光の源の地球を光と化す　大計画の歩みの中で
二〇一三年　八月十六日

第三部　新人類の先覚者

光人〈ヒカリビト〉の活躍／201

〈1〉

二〇一二年　四月　一日

地球を光と化す使命遂行の中で

瞬間光の地球に同化することが出来る

〈2〉

二〇一二年　四月　三十日

四月　二十九日のセミナーを終えて

天・地・人　全てが光の源の意図へ

〈３〉

二〇一二年　十月　六日

大地を受け継ぐ使命遂行者　講座開催

自力救済の時　来《き》たり

〈４〉

二〇一二年　十月　二十八日

朱と黄金の知抄の光

アカデミー教室へ降下

〈５〉

二〇一二年　十一月　十六日

祝　光の源の大計画　Ｐａｒｔ　２

知球暦　光三年　発刊

〈6〉

二〇一二年 十一月 十九日
大地を受け継ぐ者として
光の子に〈十字の光〉が……

〈7〉

二〇一二年 十一月 二十三日
地球浄化の礎の光セミナー 開催
地球を救う　使命遂行の覚悟

〈8〉

二〇一二年 十一月 二十四日
知抄の〈実在の光の吾等〉と共に
各国に光を注ぐ

〈９〉

二〇一二年　十二月　二日

智超法秘伝の術《すべ》を駆使《くし》し

地球全土へ光を放つ

〈10〉

二〇一二年　十二月　二十三日

光の地球　大飛躍に備えて

その前夜　八時四十一分

〈11〉

二〇一二年　十二月　二十四日

新人類の生誕セミナー開催

光生命体の誕生

〈12〉

二〇一二年 十二月 三十日

新しい光の地球の中で

お手本を示す歩み

〈13〉

二〇一二年 十二月 三十一日

地球を救い 人類を救う

大使命遂行の歩み

〈14〉

二〇一二年 十二月 三十一日

知球暦 光三年と二カ月

感情生命体から光生命体へ

〈15〉

二〇一三年　一月　七日

光と化した地球
光生命体として在り続ける覚悟

〈16〉

二〇一三年　一月　十五日

新しい光の大地　地球
光の源へ一歩でも近付く

〈17〉

二〇一三年　一月　二十四日

新人類の先覚者
光生命体として生きる

あとの言葉《ことは》／320

教室案内

知抄　光の足蹟

第一部

救い主知抄の光

実在の証

（1）　金粉は　本当に実在でした

二〇一三年 七月 十四日

今日七月十四日、知抄の光の威力と共に〈**光の地球に同化しよう**〉セミナーに、参加させて頂き、ありがとうございました。今回は何はさておき、岩間ホールの四階の会場に、大量の金粉が実在として現出した事実を、この目で、私が見る機会を頂いた感激は、何と申し上げたらよいか、言葉もございません。

今迄、知抄先生の御本を読ませて頂く中で、他のことはともかく、〈**セミナー会場に金粉が降った**〉とか、〈**御本を読んでいたら、手に金粉が出ていた**〉等の記述については、率直に申し上げて、私には、今一つ確信が持てずにおりました。

他人事であるうちはまだ良かったのですが、最近、（２０１）サロンに入室した妻までもが、御本に書かれていた内容通り、**「サロンに居たら金粉が出た」**と、それも美しく、いつもより若く、色白の別人になって、私に、嬉しそうに話すのでした。実在の知抄の光の威力を、直接妻から聞かされ、私の心は、一層頑《かたく》なになって行くのでした。

物質である〈**金粉**〉が〈**光と化した地球**〉と、どう結び付くのか、ひょっとしたら旅路の位置の低い者には見えないのか等々……。喜々として、毎日のように、知抄の光について、妻が話す内容に、またしても、既成概念で考えを巡らせば、巡らすほど、あるがままを受け入れられなくなっていたのでした。

ところが、人間は、須《すべか》らく自らが体験することで納得し、理解出来るようになる如く、まさに、その通りのことが、私の中で起こったのです。

それが、今日、セミナーのホールで、至る所に現出した、大量の金粉でした。この目で実際に、この肉眼で見たのです。今迄私の肩肘《かたひじ》を張らせていた、既成概念《きせいがいねん》の余計な思考の闇《やみ》が一瞬で消えて、その場に、へなへなと、へたり込みそうな、ものすごい衝撃《しょうげき》でした。今迄の私は、何を学んでいたのだろうと、本当に腹の底から、愚《おろ》かしい自分の捉《とら》われを笑いたくなるような、それでいて、脱皮したような、爽快感《そうかいかん》でした。

昔話に、不心得者を悔悛《かいしゅん》させる為に、神仏が別のものに姿形を変えて、現れたということを聞いております。今回のセミナーでの〈**金粉現出**〉は、私にとってまさに、そのようなものだったと思います。地球を光と化す、〈**地球の核**〉そのもので在られる、知抄の光の実在の証を、見せて頂けたことに、万感の思いを込めて、感謝を捧げます。

これからは、もう金粉が出るとか出ないとかいう、〈**現象**〉に捉われることなく、少しでも〈**光の地球**〉に、私自身が同化出来るよう、軽やかに、あるがままを素直に受け止め、共に歩む所存です。

〝体験なくして　光なし〟

地球人類の〈**インテリ馬鹿を代表して**〉、今迄の失礼をお詫び申し上げます。

（W・K）記

（2）

金粉が場内のあちこちに現出

二〇一三年 七月 十四日

セミナー会場に入ると、知抄先生目指して降下された、〈**十字の光**〉のお写真が、ずらりと並んで光を放っているのには、思わず目を見張りました。

舞台の上下に、数十本展示されている〈**十字の光**〉のお写真を見ていると、光の源の、〈地球を救う〉強いご意思が伝わって来て、人類への深い愛を感じ、思わず頭《こうべ》を下げました。

地上にいる私たちも、共に、この〈**十字の光　吾等**〉と一丸となって、前へ進むぞ……、の強い思いが湧き出て、地球を救うのは、〈**地球を汚した**〉、私達人間であるとの、強い認識を頂きました。

今回のセミナーでは、二十四時間光と共に在るという意識を、一人ひとりの魂に、しっかりと根付かせて頂いたと思います。金粉が、どんどん場内のあちこちに現出し、参加者全員が、楽しく嬉しく、自然体で、救い主、知抄の光の威力を受けとめ、幸せに包まれたセミナーでした。

光へと引き上げて頂き、地球に同化させて頂くという数々の恩恵に、伏して感謝を捧げます。

いつも深い愛をありがとうございます。

（K・Y）記

（3） 金粉の顕現　知の時代の到来

二〇一三年 七月 十四日

知抄の光の威力と共に〈光の地球に同化しよう〉セミナーを、開催して頂き、本当にありがとうございます。

セミナーの準備段階から、圧倒的な、知抄の光の実在の威力を全身で感じていました。それを、今日は、金粉という形で、目にも鮮やかに見ることが出来ました。

開始時より、舞台左袖の床面に、キラキラ光る金粉が、所々に付いているように感じていたのですが、終了時には、多いところでは、一面に敷き詰めたように、キラキラと輝いていました。

閉会してから、そこかしこから、金粉が出ている、という声が上がり、あっと言う間に、驚きと、喜びの渦《うず》で、場内が満たされました。そして、去りがたい思いで、実在する知抄の光の威力に魅了されました。

今回のセミナーを通じて、地球全土を全て光と化す、一瞬の絶大な知抄の光の威力は、以前にも増して、強力になっていることを、ひしひしと実感させて頂きました。もはや、一切の三次元の肉体人間智は通用せず、実在の知抄の光の威力に平伏し、感謝を捧げ、全てを委ね、**〈光そのもの〉**になるしかないと思いました。

魂の光が、地上に顕現する、全智全能なる光のご意思、**〈知の時代の到来〉**を、感じとることが出来ました。

（Y・S）記

（4）

勢揃いされた〈十字の光〉の御前で

二〇一三年 七月 十四日

いつも穏《おだ》やかな、温《ぬく》もりのある、愛に満ちた、知抄の光をありがとうございます。本日開催の、〈**光の地球に同化しようセミナー**〉に、返金されることなく、今回無事に参加することが出来、ありがとうございます。

一九九六年、地上に、救い主、知抄の光が御降臨された折に、〈**十字の光　地球を救う、吾等が決意**〉のメッセージと共に、十字の光が、救い主、知抄の光と共に降下されています。その〈**十字の光**〉のお写真が、舞台上にも、舞台の下にも、勢揃いされて、光を放っておられました。光の源、知抄の光から私達に突き付けられた、真実の光の刃《やいば》と思いました。

〈**十字の光**〉のお写真の前では、すべてが曝《さら》け出され、一切のまやかしもお見通しです。真《ま》っ新《さら》な白紙の心になって、全てあるがままを照らして頂き、この恩恵を受け止められるよう、委ねるのみでした。

既に、光と化している地球は、人間が、〈**光そのものになって**〉、地球に同化しないことには、一歩も前へ進めなくなっていることを体感出来ました。

今日こそ、これから智超法秘伝を駆使し、自らが自らを救う為に、**自力救済**する覚悟をしました。今日のセミナー参加条件の一つ、自らの存亡をかけて、闇を切る術《すべ》を実践し、自力で光へ行きつ、戻りつの、更なる光の地球に同化する為に、知抄の光への熱き思いを魂に掲げて、光生命体に成れるよう研鑽致します。

そして、**金粉**を、目の前で見ることが出来たこの幸せを、心より感謝いたします。

（N・T）記

（5）

金粉をこの手で採る!!

二〇一三年 七月 十四日

今日、会場に展示されていた、〈**地球を救う　吾等が決意**〉の〈**十字の光**〉の実在する知抄の光のお写真を見た時、地球を救って頂く私たちが、あまりに頭《ず》が高く、傲慢《ごうまん》で、本当に恥《は》ずかしく、申し訳なく、涙があふれました。

そして、本当に、こんなに既成概念で、薄汚れた私達を、二十余年、今日のこのセミナーに、参加させて頂けるまで、〈光へと引き上げ〉、魂の光輝へとお導き下さったことに、万感の思いが湧き上がり、涙の中にありました。

今日のセミナーでは、沢山の気付きと、学びを頂きました。

特に、光を求める熱き思いで、〈魂の光〉と共に、歩んでいるつもりでしたが、どこかで停滞し、これで良しとして、一歩も前へ進んでいなかったことに気付きました。

今も、光の地球の中で、溺れていることを自覚出来ました。実践をしているつもりでしたが、本当に地球が光になっていることの重大さが、全く判っていませんでした。光の中で溺《おぼ》れているのは、とても大変なことで、自らの存亡がかかっていることが、光に引き上げて頂けたことで、今日こそ判りました。

この三次元の肉体に在る今の自分に、形振《なりふ》り構っている余裕など無いという事態を、今日は、突きつけられた思いでした。**誰の為ではなく、自力救済である**ことが、本当に、今日こそ身をもって判りました。こうして、実践が出来ることの喜びを、今日ほど嬉しく、感じたことはありませんでした。
それは今迄、全てに於いて、鈍感《どんかん》な私でしたが、今日は本当に、実在する知抄の光の威力を、この目で、金粉を見、この手で採《と》ることが出来たからです。嬉しいです。

（K・Y）記

（６）　座席の周りに　沢山の金粉が……

二〇一三年　七月　十四日

本日は、セミナーを開催して頂き、参加することができ、感謝以外ありません。貴重なお話を、それも事実に裏付けされた、地球光化の凄い内容を、直接に見聞きすることができ、とても嬉しかったです。

全てを身に修めたく、全てを委ねておりました。あっという間に時が経ち、セミナー終了間近になって、自分の席の周りに、沢山の金粉があることに気付き、我に返りました。

光と化した地球の中で、光の河で溺れているところを、光へと引き上げて頂き、やっと、従《つ》いてこられた私です。この様に、知抄の光の実在の威力の証を、目の前で見ることが出来て、本当に、喜び、賛美、感謝しかありませんでした。

気持ちも新たに、救い主、知抄の光を魂に掲げ、日々、〈光そのもの〉でおれるよう、研鑽して参ります。

救い主　知抄の光
暗黒の地球をお救い下さい
喜びと賛美と感謝を光の源に捧げます

（S・H）記

（７）

細胞六〇兆の生命《いのち》の雄叫《おたけ》び

二〇一三年 七月 十四日

ありがとうございます。

今日は、アカデミー日曜教室、そして、夜は、岩間ホールでのセミナーと、本当に嬉しい日です。

セミナーの光呼吸の時、どんどん、私の闇が無くなり、〈**生命《いのち》そのもの**〉になりました。それは、初めての体験ですが、私の生命は、知抄の光でした。そして、〈**幸せになる 数え宇多**〉を、うたい始めの時は、もの凄く身体が重くなっておりました。それは、なんというか、〃**自分は、六〇兆の細胞から出来ている**〃という、感覚《かんかく》になっていたのです。もの凄い数の細胞が意識ある魂そのものとして甦《よみがえ》り、各々の細胞が、その叫びを、私がするのだ……という、驚きの実感でした。私が光の子であり、これから光の地球で為さねばならない使命を、見せて頂いた思いでした。

プログラムが進み、

救い主　知抄の光
暗黒の地球をお救い下さい—

と、魂の奥へ奥へと、光の源へ、どんどん届くように叫んで行くと、光を求める地上のすべての魂へと、伝わって行くのでした。

その雄叫《おたけ》びは、本当にものすごくて、六〇兆の細胞の生命《いのち》の渇望《かつぼう》する叫びでした。救い主、知抄の光を、熱望し、切望し、欲している魂の喜びは、もう本当に大地を轟《とどろ》かせ、地球を動かす叫びとなりました。その後、私の細胞一つひとつが、知抄の光を受けとめ、〈光そのもの〉になりました。私が小宇宙であり、私が光で統一されたら、地球である大宇宙も同じになることが判りました。

次に、宇宙創造主、光の源に向かって、すべてを携《たずさ》えて進んで行くと、宇宙の星の配列が、どんどん動いて変わるのが判りました。目を転じて、岩間ホールのセミナー会場内を見ると、知抄の光を浴びて、全員が、眩しく輝き、〈**光そのもの**〉に、統一されていました。宇宙から見れば、ほんの小っちゃな人間が、それも数百人が、救い主、知抄の光の〈**十字の光の吾等**〉と共に、光と化した瞬間、地球そのものが光の核となり、天空に拡がる宇宙を動かし、星々の仲間の意識にも影響することが、はっきり判りました。

救い主　知抄の光は
地球の核《かく》　そのものである

との、メッセージを思い起こしておりました。

もう嬉しくて、有り難くて、有り難くて、私は身も心も軽く浮上しては、床に着地することを繰《く》り返しておりました。

次に、天界の黄金のドアが開きました。三次元の肉体人間であった全員が今、〈光そのもの〉として光へ引き上げられ、そこに入れるまでに、進化したことを認識しました。ものすごい事と思いますが、全員その黄金の開いたドアの中に入れたのです。もう、言葉にならない、感動と感謝、そして湧き上がる喜びだけでした。

今日一日で、千年とか、それ以上の時の経過を行き来したような感覚でした。アカデミー（日）教室後、そして、夜のセミナー後の〈**光生命体**〉としての体験は、本当に、今迄の私の中にあった課題の具現化そのものでした。

人間とは
本来　光そのものです

この意識が根付いた人間は、三次元の、〈個や我〉の中で、右往左往する浮き草のような生きざまに、終止符を打ち、光の地球に同化しようと、自らが光を求め切望することが鮮明になりました。

今日のセミナーでは、今迄にも増して、金粉が場内に降ったのか、湧いて来たのか、誰もが歓声を上げて、大喜びで、床の金粉に接し、幸せを満喫するという現象までありました。

これより、光と化した地球、知抄の光と共に、軽やかに明るく、素直に優しく、強く、生きます。

本当に、本当に、本当に感謝のみです。ありがとうございました。

（U・H）記

（8）　私の旅路を思い知りました

二〇一三年 七月 十四日

知抄先生、今日のセミナーに、私を参加させて下さり、心から感謝申し上げます。

これまでにも開催された、セミナーの一回一回が、其々《それぞれ》に、貴重、且つ必要なセミナーでしたが、今日のセミナーは、取り分け有り難い特別な、意味のあるセミナーでした。

歩みの遅い、低我の三次元にある人間の、旅路の位置を思い知らされました。

光と化したこの地球上で、人類の先頭に立ち、この様な貴重なお教えを戴き、その上、このような恩恵を頂いている私達は、光の地球の礎《いしずえ》として、〈光そのもの〉になり、この光の河を人類を率《ひき》いて、渡り切るしかありません。

私が〈光そのもの〉として、輝き、光の河を渡る術《すべ》を駆使し、光を熱き思いで求める方々を、光へと誘《いざな》います。これまで、何度も何度も、溺れては引き上げて頂き、見捨てること無く、いつも暖かい温もりのあるお導きを戴きましたこと、改めて感謝申し上げます。場内に現出した金粉を見ていると、今迄の私を含めた人間の、光への冒涜《ぼうとく》を、お詫び申し上げるだけでした。

（K・K）記

（9）

金粉は　本当に　本当なんだ！

二〇一三年 七月 十四日

七月十四日、岩間ホールで開催された〈**光の地球に同化しよう**〉セミナーは、本当に素晴らしく、その感動の余韻《よいん》は今も 蘇《よみがえ》るほどです。当日、会場設置や舞台準備等のお手伝いをさせて頂いた私は、自分の部位に合わせ、無意識に時間を計りながら次に何をすべきか考えるゆとりもなく、思うがまま動いておりました。心の中では、〈**光のリズムで知抄の光と共にあり**〉との思いだけでした。

無心と言うか、〈**担っている部位**〉を完璧に遂行することしか、頭には何もない状態でした。プログラムが進行し、舞台の裏を足繁《あししげ》く往復している時、足元のカーペットにキラッと光る、ラメのようなものをいくつか見ておりました。

〈今日の会場は夜なので、前の使用者が、落としていったのかな？〉と思い、気にも留めていませんでした。

ところが、プログラムが後半に入った頃でした。舞台脇におられた方が、**「金粉がたくさん降っています！」**と、小声で教えて下さいました。過去に開催されたセミナーでも、金粉は手や顔に、そして床にと……、今迄私は見て来て、経験しているのです。それなのに、またまた三次元の肉体人間の証とも言える、既成概念に捉われ、インテリ馬鹿の見本をしておりました。ひたすら自分の担った今日の部位を遂行して、〈**光そのもの**〉になっていると思い込んでいたのです。私が見ていたものは、ラメなどではなく、金粉であったことに、遅まきながら、気付いたのでした。舞台裏で見たラメ？と思った〈もの〉をよく見ると、一つひとつの粒が大きく、本当に驚く程、見れば見る程、そこかしこに降ると言うより、増えているのです。

舞台の上の床や、会場の座席の通路になっている階段状の絨毯《じゅうたん》の上にも、参加者の喜びと賛美と感謝の、〈魂の光〉の声に知抄の光は応えるかのように、どんどん湧いて来るように増えていました。本当に常識では到底考えられない、奇蹟を通り越し、もはや何をも、言いようがないのでした。

驚きのあまり、舞台の床をじっと舞台脇から見ていると、どんどん床から湧き出るように、敷きつめたように、キラキラと輝きが増すのです。そして、出演者がその上を歩く時にはスーッと消え、演壇《えんだん》の前に立つと、また元の通りにキラキラと、金色の粒子が輝いて居るのでした。

知抄先生より、何度も教えて頂いてきたことですが、白紙の幼子の心で、

知抄の光を　守り抜く者は
光によって守られる

という言葉《ことは》に、〈確信〉を深めた貴重なセミナーでした。

（O・Y）記

⑽　沢山の金粉を見つけて……

二〇一三年　七月　十五日

今日は、セミナーの前に、アカデミー（日）教室で、〈**光そのもの**〉にして頂いてから、参加しましたので、光の地球に同化して前へ進むことが出来ました。

会場に入ると、舞台の奥と、手前にずらりと、〈**十字の光**〉のお写真が実在として、ものすごい光を放ち、知抄の光のその威力に、まず、圧倒されてしまいました。畏れ多く、光の地球に同化するには、もっと、もっと、自力救済が出来ていない己《おのれ》が、光の前で曝《さら》け出されて、この位で、〈**光そのもの**〉であると、自己評価していたことが、恥ずかしくなりました。

光へ行きつ、戻りつしながら、光の地球に、自らの意思で、同化していかないことには、一歩も前に進めないことを、このセミナーで体験させて頂きました。学んだことは、即実践し、体得出来るまで、智超法秘伝を身に修めます。

終了後、ここにもあそこにもと、沢山の金粉を見つけては、手に採り、頭や胸に付けたりして、この喜びを皆で分かち合いました。

（H・K）記

(11) セミナーは　素晴らしい

二〇一三年 七月 十五日

貴重なセミナーを開催して下さり、ありがとうございました。毎回、今日のセミナーは、〈**一番素晴らしかった**〉と、感動、感激し、胸の中で、ゴボゴボと沸き上がる熱いものを感じ、嬉しくなるのでした。そして、私は、人類の先頭に立っているんだと、知抄の光を魂に掲げ、知抄の光を死守し、〈**光そのもの**〉になるぞ—という思いで、一杯になりました。

それなのに、今回もまたまた、会場に金粉がお出ましになり、舞台の上と下からは、〈**十字の光**〉が、どんどん、光を放ち続けるという、もの凄い知抄の光の、生きた実在の威力を見せつけられました。やはり今日のセミナーも、〈一番素晴らしかった……〉と、感謝申し上げます。とても胸の中が爽《さわ》やかです。知抄の光と共に、光の地球を穏やかに、喜びと賛美と感謝で過ごします。

救い主　知抄の光
金粉を沢山
ありがとうございます

（S・T）記

⑿

金粉を賜る

二〇一三年 七月 十五日

岩間ホールのセミナーに、参加させて頂きましてありがとうございました。

知抄の光の威力によって、〈**光そのもの**〉に引き上げて頂き、参加した全員が、光の地球に同化して、満ち溢れる喜びが、地球へ、人類へと、伝わっていることを感じました。

光の源、創造界に在られる、実在する知抄の光からは、会場全体に舞い降りた金粉を賜りました。実在する知抄の光の威力の凄さ、真実の光だけが見せて下さる〈**証**〉を、今回も、こうして私達は、垣間見させて頂けたように思います。

今日の、光り溢れるセミナーは、光の源から、地上人類への、偉大な〈光の宴〉の賜り物として、自力救済の活力にさせて頂けました。

今日の学びを身に修め、研鑽して参ります。

ありがとうございました。

（S・H）記

(13)　数年ぶりに　セミナーに参加して

二〇一三年　七月　十八日

知抄の光の威力と共に〈光の地球に同化しよう〉セミナーに、数年ぶりに参加させて頂きました。光を浴びて、光にまで引き上げて頂き、ありがとうございました。

岩間ホールの四階の会場に入った瞬間、身体の芯《しん》から込み上げて来る、魂からの喜び、魂からの打ち震える感動、そして私の頭は真《ま》っ新《さら》な白紙になって、後から身体が付いて来ていました。こんなにも、本当の私そのものである〈**魂の光**〉は、喜び、知抄の光を何年もの間、求め続けていたことが判りました。

知抄の光を顕現される、〈**光人**〉の、透き通るような真っ白な美しいお姿、魂に沁み入る、その透明なお声、場内のここかしこに、降り注いでいた金粉、銀粉等々……。

私の頭の中で、ゴチャゴチャと、もう何も考えません。そのような決断が、私の中で強く芽吹《めぶ》きました。そして、すべてを今、目の前に実在として在る、この知抄の光に委ねて、素直に受けとめれば良いことが判りました。皆様が、ここまで歩まれた光の足蹟を、今度こそ、智超法秘伝を、必ず実行実践すれば、私も光の地球に同化出来る、強い確信が頂けたのでした。

何度光を忘れ、光を裏切っても、大きな大きな想像すら出来ない知抄の光の愛に包まれ、見守られて来たかを知るに到った今、どれ程の感謝を、この恩恵に捧げればよいのかも判りません。

もう人間の頭で思考を巡らせることが、光の地球では、全く無意味であることが、本当に、今日こそ良く判りました。唯々、魂の奥に実在として、降臨されている救い主、知抄の光の存在に、感謝するしかありませんでした。救い主、知抄の光に、喜びと賛美と感謝を捧げるしか、私には、いえ、すべての人間にとって、成す術《すべ》がもう無いことを、〈**光そのもの**〉になった中で、光の目で、光の御意思で鮮明に体得出来ました。

本当に、今日のセミナー、参加出来て嬉しいです。〈魂の光〉と共に、知抄の光にすべてを委ねます。ありがとうございました。

本当に、ありがとうございます。

揺るぎのない　確信を
実在する
救い主　知抄の光に

の、メッセージを思い起こしました。

（H・K）記

(14) セミナー後〈智超法気功〉の教室で

二〇一三年 七月 十八日

昨日の、ルネサンス教室でのことです。

〈智超法気功〉の実技で、両手を頭上に輪にして見上げた時、その輪の中に、眩《まばゆ》い光のお方が、実在として、降りておられることが判り、瞬間ひれ伏す思いになりました。

今まで、数々の智超法秘伝を教わりながらも、その威力の偉大さも理解出来ず、三次元の感情体の中で、人間智を振り回して来たことが、ここに来て本当に恥ずかしいです。

七月十四日のセミナーでは、大きく大きく、全員を光へと引き上げていただき、また一歩、光の源へと、地球人類の歩みを、進めることが出来ました。こうして毎日、何の憂《うれ》いも無く、喜びの中に居られることの有り難さ、幸せで過ごせるこの恩恵に感謝を捧げるのみです。

七月十五日、セミナーの翌日に、（２０１）サロンで、早々に、七月十四日のセミナーで撮影された、光のビデオを拝見させて頂きました。

ビデオで見る、岩間ホールの会場は、今まで以上に光が増し、大パネルの〈**十字の光**〉が、意識を持った、生きた光であることが、本当に良く判りました。表現し難い厳《おごそ》かさで、〈**十字の光**〉は、実物の十字の光とは、全く異なって、次々に放つ色彩が、見ているのと変わっていくのです。

地球も人類も、救い主、知抄の光によって、どれほどの愛で、見守られているか、光の源の人類への計らいの底知れない深い愛に、人間として恥じ入るばかりでした。ビデオを見ていると、セミナー当日に受けた、救い主、知抄の光からの恩恵の多大な威力を、再認識し、光と化した地球を、再確認させて頂きました。

私が、自らを救う為に、自ら智超法秘伝を駆使《くし》して、〈**光そのもの**〉になるしかない、自力救済を、頭にも、魂にも、刻みました。

救い主　知抄の光
暗黒の地球をお救い下さい―

今こそ、本当に本当に、自らの存亡をかけて、魂の奥へ奥へと
光の源へ届くまで、雄叫びを上げ続けます。

（K・Y）記

☆このPart 3は
知球暦〈光元年〉Part 1 及び
知球暦 光三年〈人類の思考が停止する日〉
Part 2 と併読されますよう

(15) セミナー後の〈はつらつ元気教室〉で
二〇一三年 七 月 十八日

七月十八日（第3木曜）の、〈はつらつ元気教室〉ありがとうございました。またまた進化なさった、皆様の笑顔の中に共に居ますと、ふわあっと穏やかな気持ちになります。

講座開始前と後に、先月六月二十日の教室のビデオを、見ることが出来ました。更に透明感が増して、前方の窓の景色も変わり、個性によって色彩はいろいろですが、私達がカラフルに変容して、まさに異次元の別世界です。左側窓の所の壁際に、立っていらっしゃったスタッフのお一人が、真白な壁に貼りつけられたように、白くなって、同化していらっしゃいました。

今日も、ビデオの映像と同じ、このような光場に居させて頂いていると思うと、感無量でございました。皆さま、益々お元気に若返っておられる御様子でした。実技の時、スタッフの御方が光を注いで下さいました。身体が熱くなって、喜び、賛美、感謝が、すぐに湧きあがって参りました。まさに今日は、知抄の光は、喜び、賛美、感謝に満ちる光であることを、体感させて頂き、笑いが込み上げて止まりませんでした。

最後にお茶を頂きながら、皆さんの手や顔に、金粉が出ているお話で盛り上がりました。

（M・A）記

(16)

セミナー後の火曜教室で

二〇一三年 七 月 十八日

セミナー後、初の神宮サマディ火曜日の〈智超教室〉、嬉しくて嬉しくて、そして、新たな気持ちで、魂の光輝をもっともっと輝かせようと、勇んで参加させて頂きました。

智超法秘伝の実技の一つ、〈オーバーシャドウ〉をしておりますと、自分の体が、ものすごく大きくなった様に感じました。背の低い私が、上の方に居るような気がするのです。今迄とは全く違う、言葉での説明は出来ませんが、身は軽く、体の中は、自由に解放されて、楽しくて仕方ありませんでした。

七月十四日に参加させて頂けた、セミナー会場で、沢山の金粉が降下した中での、気持ちの良い光呼吸では、終了の合図にも気付きませんでした。ステージの皆様と参加者が一体となって、はち切れんばかりの笑顔でうたった数え宇多。あの時の内なる喜びが、お教室で、再び溢れ出て来ました。

いつでもどこでも、自力救済で、〈**光そのもの**〉になれるように、在りたいと強く思いました。

知抄の光に全てを委ねることで、身も心も解放して頂き、素晴らしい恩恵を与えて下さるこの幸せに、喜びと賛美と感謝を捧げます。

（I・K）記

(17) 大きな金粉見つけた

二〇一三年 七月 二十四日

七月十四日のセミナーから、十日経過しました。この日のセミナーで、地球も、人類も、大きく変容したことが、今日のルネサンス〈智超法気功教室〉で実感致しました。今迄の感覚とはまるで違っていて、入静中に、上の方向から、身体全部を強く引き上げられるような、体験したことのない、不思議な浮揚感《ふようかん》を感じました。

セミナー後は、会社の仕事が、知抄の光に委ねていると、何もかもがうまく行って、どんどんインスピレーションが湧き出て来るのです。喜びと感謝だけです。
そして教室終了時には、マットの上に大きな金粉を見つけました。金粉は、〈**現れた**〉と言って良い出現でした。光と化した地球、ここまで、お導き頂き、喜びと賛美と感謝、感謝で、日々を知抄の光に委ね、研鑽して参ります。

（K・M）記

⑱ 私の手にも金粉が……

二〇一三年 七月 二十四日

今日は、知抄の光の威力で、皆が本当に変わっている事を感じました。今迄とは、全く、知抄の光の受けとめ方が、違うのです。魂の光輝への切望、自らの強い決断で、知抄の光の威力を受けとめる意識が、お一人おひとりにあるのでした。

智超法秘伝、〈**智超法気功**〉の三式の時、一人ひとりの肉体の浄化だけでなく、人類、そして地球丸ごと、〈**光そのもの**〉へ**と引き上げる、**知抄の光の威力が良く判りました。

この〈気功教室〉自体が、すでに、喜び、賛美、感謝に満ちる知抄の光の帳になっているからでした。周囲の鏡に映る誰のお顔も色白に変容し、美しく輝いていました。改めて、人間を超える魂の光輝への道標《みちしるべ》、〈**智超法秘伝**〉の真価を確信出来ました。

〈智超法気功〉の実技が始まると、急に足腰の痛みや、病のあるお方が、椅子を使わず、実技を立ってなさるのです。全く別人のように、生き生きと活力に満ちたお姿に変わり、知抄の光の実在の威力を、見せ付けられた思いでした。

智超法秘伝の〈**智超法気功**〉を、練功して行くと、鏡に映る私の姿もピカピカに輝いて、若く色白になっているのです。思わず見とれて、気功の実技を忘れるところでした。

そして、今日は、各人用のマットの上に、金粉が出たのです。私の掌《てのひら》の中にも、微細な金粉を見つけました。（N・K）記

(19)

金粉が降る・ルネサンス教室にて

二〇一三年 七月 二十四日

入静の時、体から力が取れて、すべてを〈**魂の光**〉で満たされました。まるで細胞一つひとつが柔らかく、軽くなって、大きく膨らんでいると思った瞬間、私の肉体の重みが無くなり、**ふわりと、体が浮き、浮上していました。**

今迄、私の表面を覆《おお》っていた、三次元の古い既成概念が無くなって、その下から、新しい明るい考え方が芽吹《めぶ》き、嬉しさが爆発しそうでした。肉体マントを光のマントに変える、智超法秘伝、〈**智超法気功**〉によって、〈**光そのもの**〉に、今変容していることが、認識出来ました。三面の鏡に映し出された私の顔は、真っ白で、美しく、別人のようで、私の手にも、マットの上にも、金粉を見ることが出来ました。

七月十四日に開催されたセミナーから、一段と地球の光が増して、以前と同じ感覚で居ては、思考が停止し易いので、日常生活すべてに気をつけています。

今日は、自力救済であることが、本当に、よく判りました。光の地球に同化して、まず、自ら輝きます。

（T・R）記

⑽ ハートの形をした金粉が……

二〇一三年 七月 二十五日

今日の夕方、お教室から帰宅し、玄関を開けて、びっくりしました。家の玄関はラメ入りだったかしら……と。目を見張りました。玄関のタイルがキラキラと光っているのです。水に濡《ぬ》れて光っているのかと触ってみましたが、さらさらとして乾いています。

よーく目を凝らして見ると、金粉だらけになっていました。金粉だけではなく、青や緑や透明な物質がキラキラと一面にありました。タイルの上に置いてあった靴の下までも、同じように光っています。指先で採ろうと思って金粉に触ってみましたが、タイルの中に埋まっていて取れないのです。金粉他の、色彩入りタイルに変わってしまったようです。端の方に少しだけ、金粉等の出ていない、今迄の状態のままの部分があり、明らかにその違いが判るのでした。

帰宅した中二の息子は、「いつもの玄関と違うね。光って見える」と、驚いています。そして、主人も「**凄いね……**」と、眺めるだけでした。外に出て、玄関ポーチのタイルを見ましたら、同じように一面金粉等で、光り輝いておりました。

ポーチから少し離れた所に、キラリと光るものが見えましたので、指先で採ってみると、それは、可愛らしいハートの形をしている、金粉でした。

その翌日も、玄関の中のタイルは、前日と変わらず光り輝いております。外のポーチは、前日より少し減ったように思いますが、まだ見えております。

去る七月十四日のセミナー会場で、沢山の金粉等が絨毯の上で光っているのを確認しておりました。まさか自宅で、このような金粉現象を、目の前で体験させて頂けるとは、思ってもおりませんでした。本当に嬉しいです。しかし、畏《こわ》いです。

これからも、三次元の肉体生命体で生きる、地球人類全ての者が、救い主、知抄の光の恩恵なくしては、光の地球で溺《おぼ》れるしかないことが、明白になって来たからです。

（K・Y）記

すべての
既成概念を
捨てましょう

⑵1) 私の手にも 二粒の金粉が出ました

二〇一三年 七月 二十七日

四月のことだったと思いますが、友人のお母様の、腸閉塞《ちょうへいそく》の手術に立ち会いました。子宮癌《しきゅうがん》は、高齢の為、手術が出来ず、放射線治療をし、併発した腸閉塞《ちょうへいそく》の手術をすることになりました。その折に、（２０１）サロンで頂いた、〈マンゴー〉を、お見舞に持参したのでした。

昨夜友人から、**〈そのままにしていた癌の子宮は、綺麗に治っています〉**との、三ヶ月ぶりの検査結果を、知らせて来ました。

学生の頃から、半世紀以上親しく接してくれた方の快癒《かいゆ》は、本当に嬉しく、喜びで一杯です。本当に、本当に、有難うございました。いつもいつも、こうした、光の賜《たまわ》り物の恩恵を、私達に分かち合って下さり、畏れ多いことに、そのことに、慣れっこになっていた私は、傲慢《ごうまん》な自分に恥じ入りました。

本当に、腸閉塞を起こす程の子宮癌が治ってしまう、知抄の光の威力、光の源の〈**生命《いのち》の光《ひかり》**〉である、知抄先生からの〈**光の賜り物**〉のすごい恩恵に、幸せを、そして、この果報に涙しました。伏して喜び賛美感謝を捧げます。

そして、私の手に、二粒、何と、金粉を見ることが出来ました。

御礼申し上げます。

（T・N）記

㉒ セミナーのビデオ拝見の恩恵

二〇一三年 七月二十七日

本日は（２０１）サロンに於いて、七月十四日セミナーのビデオの放映を、見る機会を頂き、唯々言葉も無く、ありがとうございます。感謝以外ございません。

当日のセミナー会場で、私達が、知抄の光を浴びながら数時間居られたことが、どれ程の恩恵を賜ったかは、もっともっと深く判る日が来るのだと思います。

舞台上に並んだ、〈**十字の光**〉を、紅い光が守るように囲んでいて、一つひとつ、赤い色、紅い色、ピンクがかった透明な朱色と、少しずつ微妙に色合いが変化し、その都度、会場内の明るさが、意識ある光の降下で一変するのでした。

舞台下に並んでいる〈十字の光〉は、同じ会場でも、舞台上の〈十字の光〉とは、光の変化がまた異なるのでした。

本当にセミナー当日は、初めのうちは、あっちにもこっちにも、金粉があり、床やヒザの上を見ていたら、良く見えて来るようになりました。後で廊下に出て、受付の椅子についている金粉を、手で撫でて採ろうとしましたが、細かくて、採ることが出来ませんでした。

今日、貴重なビデオを見せて頂き、まるで再セミナーを体験させて頂いたことになりました。湧き上がるこの喜びに、光と共に歩むことを誓《ちか》います。

（F・N）記

(23) サロンでビデオを見る

二〇一三年 七月二十七日

今日は、(２０１)サロンで、七月十四日に開催されたセミナーのビデオを、早々に、拝見させて頂きました。

誰が見ても判る、そしてこの目で、実在の知抄の光が見える、物凄い光の降臨されているビデオでした。

今更、言葉もなく、長時間セミナー会場に居させて頂き、〈光へと〉引き上げて、光の地球に同化させて頂いたことに、感謝感謝感謝です。もっともっと、感謝を捧げて、地球を救う為に降臨され、人類を光へと引き上げて下さる、〈**救い主 知抄の光の吾**

等〉の、〈**十字の光**〉から発光する威力、この事実の前には、平伏《ひれふ》すしかありませんでした。

今日、（２０１）サロンの特別な光場に、入室させて頂き、知抄の光に、委《ゆだ》ねることで、自らが光へ近づいて行く術《すべ》を、共に体験させて頂き、体得出来るまでのお導きに感謝を捧げます。

もっと、もっと、知抄の光を、日常生活の喧騒《けんそう》の三次元の中で、すんなりと受けとめられるよう、実践実行して行きます。

（M・N）記

⑷ ビデオでセミナーを深く学ぶ

二〇一三年 七月 二十七日

今日は、七月十四日に開催された、セミナーのビデオを、実在の知抄の光の水辺、サロン（２０１）に於いて、早々に見る機会を賜り、ありがとうございます。

セミナー会場は、救い主、知抄の光が満ち、写真展で公開されていた、大パネルの〈**十字の光**〉のお写真が、発光していました。

最初に、目に飛び込んできたのは、私自身の願望が強いのか、舞台上に並んでいる、〈**十字の光**〉の一枚が、何故か〈寿《ことぶき》〉

という字になって、私には見えておりました。十四日のセミナーを再現して頂き、当日と同じように、心身共に嬉しくなって、見れば見る程、ワクワクするビデオでした。

放映中のビデオの天井が気になり、遂に、目が、釘付けになりました。舞台天井の右側に降下されている、長方形のグリーンの色彩の中に、白銀色の半円のような光が、参加者一人ひとりの〈**光呼吸**〉に応えるように、連動しているのでした。

〈**知抄の光の吾等**〉と、メッセージで呼称されている、地球を救う実在の光の、生きた意識の存在を、ビデオで、認識出来ました。

左側天井に降下されている、白い長方形の光を見つめていると、私自身である、〈**魂の光**〉が共に居て下さり、いつの間にか、真っ新《さら》な白紙の心になっていました。

私達は、人類に先駆《さきが》けて、光の源、直系のご使者であられる、救い主、知抄の光から、智超法秘伝を賜り、〈**光生命体**《ひかりせいめいたい》〉になれるまで、お導き頂きました。これからは、救って頂く人間側が、実行実践して、各人が〈**知抄の光**〉からの救いの手を、掴《つか》まなければならない時が来たことが判りました。光の地球に同化するか、溺《おぼ》れるかは、本人の自由意思で、自らの存亡をかけて、決断しなければならないことが、はっきりして来ました。

〈魂の光〉が、この地上に顕現《けんげん》し、主役となれるよう、光と化した地球を如何に生きるか、光の源が人間に与えて下さっている、〈**自由意思**〉の決断による、自力救済のみです。

セミナー会場で、聞き逃したり、見落としていた点を、全て今日は、録画されたビデオを通して、詳細《しょうさい》に学ぶことが出来ました。これからは、ボケーッとしないで、〈**光そのもの**〉になり、

今のこの一瞬を生きる

ことを、身に修めます。

人間とは、〈**光そのもの**〉である確信が、益々強くなりました。

物凄いビデオを見せて頂き、心より感謝申し上げます。

（G・A）記

(25) セミナー開催から二週間が過ぎて

二〇一三年 七月 二十八日

セミナー開催から早二週間が過ぎました。当日を振り返り見れば、すごい実在の、〈**光の宴**《うたげ》〉であったと思います。セミナーのプログラムにばかり注目しておりましたが、あれだけの金粉が場内に降る奇蹟を見せつけられると、当日展示されていた、〈**十字の光**〉だけでなく、救い主、知抄の偉大なる光に賛同された、特別の光の方々が、〈地球を救う吾等が決意〉を、共に実在として、証されたのではと、思ったりもしています。

金粉が、沢山降ったと言われた、舞台左袖を、覗《のぞ》いて見ました。

本当に、辺りの床一面が、キラキラと輝き、俄《にわ》かには、私の既成概念では、到底信じ難い光景でしたが、事実の前には、何の反論も、反発のひとかけらもございませんでした。その折に、共に舞台上にあったお花は……と見ると、金粉だらけで、お花から手に付いた金粉を、私もその場で分けて頂きました。黄金の他にも、銀色とか、何色《なんしょく》かありました。

ちなみに、この会場は、四階と五階に在ります。天井に何の仕掛けも無いのです。理論理屈を振り回す、〈インテリ馬鹿〉の私でさえ、このような到底お目に掛かれない、あり得ない奇蹟を、目の前に見せて頂き、実在の生きた知抄の光の威力に、畏れを感じました。

地球を救い、人類を救う、光の源直系の御使者であられる救い主、知抄の光の〈威力〉を、見せられた思いでした。救って頂く人間側が、〈光〉になり、地球浄化の礎の小さな光に、今度こそなるぞ……の思いです。

こうして、**〈光そのもの〉**になることで、光と化した地球に、共に在らせて頂けることが、どれだけの知抄先生からの私達への、そして人類への、深い愛であるか、今こそ判りました。

一瞬、一呼吸を大切に**〈今〉**を生ききりながら、

救い主　知抄の光

暗黒の地球をお救い下さい――と

日常生活でも、この雄叫《おたけ》びを忘れず、知抄の光と共に、歩む決

意を致しました。

光は、一瞬の光芒であることを魂に刻み、光へ行き、また人間に戻りを光のリズムで、光へ、光へ、〈**光そのもの**〉になれるよう実践実行致します。

（K・M）記

☆このPart 3は

知球暦〈光元年〉Part 1 及び
知球暦　光三年〈人類の思考が停止する日〉
Part 2　と併読されますよう

(26)　高級内丹静功法《こうきゅうないたんせいこうほう》の実技中に金粉が……

二〇一三年　七月二十八日

昨日、四谷ホールで、智超法気功《ちちょうほうきこう》の最奥義、〈高級内丹静功法〉の実技をしていたら、手の平に金粉を見つけました。共に学んでいる方々も、次々と、床《ゆか》や、ご自分の手の金粉に気付かれて、知抄の光のその実在の威力に、喜びがこぼれるようでした。

本当に、

人間とは

本来　光そのものである

ことが、実に鮮明に判っている今、魂の光輝を求める光への熱き思いと、人間進化への向上心さえあれば、こうして〈実在の真実の光〉の証を、見ることが出来るのでした。セミナーだけでなく、各お教室でも、金粉を見ることは、いよいよ光の地球は、〈**待ったなし**〉で、人間が進化して、〈**光そのもの**〉になって行くしかないことを、示唆《しさ》されたように思います。お教室は、皆さんの喜びと賛美と感謝が満ちて、光いっぱい……という感じで終わりました。なんと、準備室の床にも、金粉は降りていました。

今からまた、日常の生活に戻りますが、何をしている時も、すべてを委ねて、嬉しく楽しく光の地球で過ごして行きます。
　こうして、何も知らなかった私が、このお教室で〈**天目開眼**《てんもくかいげん》**功法**《こうほう》〉を学ぶことにより、智超意識に目覚めたことを感謝申し上げます。**真我**である〈**魂の光**〉が、解放され、自由に羽ばたける、この幸せは、私にとって、永遠《とわ》に輝く宝石です。

（M・N）記

(27) セミナー後　各教室でも金粉が

二〇一三年 七月 三十日

去る七月十四日に開催されました、**知抄の光の威力と共に〈光の地球に同化しよう〉**セミナーでは、物凄い数量の金粉等が、場内に、そして外の廊下にまで現出しました。

これまでも、一九九五年九月に、横浜の新都市ホールで開催されたセミナーで、天井から金粉が座席に降り注ぎ、多くの方のお顔や手にも金粉が見られ、場内が騒然《そうぜん》となったことがありました。

今回のセミナーでは、床の金粉を見ていると、次々に金粉が降るというより、瞬間で増えるのでした。金箔《きんぱく》のような大きなものから、金だけでなく銀や青、赤、みどり等のレインボーカラーのように、一つひとつが個性のある輝きを放っているものもありました。そして、会場全体は、まるで天体図のような輝きを見せているのでした。知抄の光は、呼べば応える、生きた実在である、と言われております。本当にその証《あかし》を、はっきりと、今回のセミナーでも見ることが出来ました。

会場では、座席に居ながら、〈魂の光〉は、宇宙空間に飛び出して、光の粒子の中を地球を抱えてまっしぐらに、光の源へ向かって飛んでいるような感覚の中に居りました。

セミナーが閉会となり、会場の、あちらこちらで、金粉を現実に目にした感動と、喜びの声が、湧き上がりました。セミナーに参加された、お一人おひとりのお顔は、喜びに包まれてピカピカに輝き、〈**光そのもの**〉に変容しておりました。光の源《みなもと》よりの、賜《たまわ》りものである金粉を、大切に採り、各人の込み上げてくる笑みが、地上全土に、喜びと賛美と感謝の渦となって轟《とどろ》いて行きました。こうしてまた、私達各人が変わることで、私と同じ波動を持つ地球人類の共振《きょうしん》が、同時に起こり、地球の光が増して、人類を進化へと誘っていることが良く判りました。

去る四月二十九日に、横浜の桜木町にある、みらいホールで、〈**新人類の生誕**〉セミナーが開催されました。このセミナーで、黄金と朱の光が降下され、人間の思考のヤミを、紅蓮《ぐれん》の炎のような光で焼き尽くし、人間本来の姿である〈**光そのもの**〉へと、肉体人間が、光に同化して行く想像を絶する光生命体への変容ビデオと、その光のお写真を、知抄の光は、実在の証として公開されています。その時に、私の魂に刻まれた言葉があります。

光の地球は
**　　魂の光が　主役です**
魂の光が
**　　自由に地上を羽ばたくのです**
全智全能を　引き出し
**　　インスピレーションを顕現します**
光の御意思を　具現化する
**　　知の時代の到来です**

今回、七月十四日のセミナーで、沢山の金粉が顕現されたことは、地球の存亡、そして人類の存亡が、まさに今、各人の存亡として、共にかかっている時を迎えているからです。三次元の肉体人間のままでは、光の地球に適応できず、光の河で溺れていることを、認識しなければなりません。しかし、認識は出来ても、光の地球に同化して生きて行くには、自らの存亡をかけて、魂の光と共に歩む、強い、人間側の決断に次ぐ決断が、必要となって来ています。

七月十四日のセミナー後、

金粉が　各教室に　顕現しています

しかし、私達は、この金粉に、捉われることは決してありません。地球を救い、人類を救う、万物の根源である光の源、直系の御使者、魂の奥に降臨されている、救い主、知抄の光のこの威力を受け止め、**〈光そのもの〉**になることが先決だからです。

新しい光の地球は、好むと好まざるとにかかわらず、**〈魂の光〉**が主役となって、生存して行くことが顕《あきら》かとなりました。

（T・H）記

(28) 眼鏡拭きに複数の金粉が……

二〇一三年 八月 十二日

今日は、月曜サマディー教室に、暑さも気にならず、楽しく参加させて頂き、有難うございました。

複数の方が発言されましたが、お一人おひとりが、とても素直に光を受け止められていて、シンプルなのに、凄く奥が深く、爽やかに変わられていたのが印象的でした。

今更ながら、智超教室のレベルの高さというか、救い主、知抄の光の威力の凄さに、魂の奥で平伏すほどの感謝を覚えました。本当に貴重な学び場を、毎日、どこかで開講して下さり、光を注ぎ、光へとお引き上げ頂き、有難うございます。

光の地球に適応出来るよう、学んだことは、必ず実行実践し、〈**光そのもの**〉になります。

今日会社で、眼鏡拭きを出したら、なんと複数の金粉が付いているのです。金粉には、縁遠いと思っていた私でしたが、嬉しくなって、〈**光そのもの**〉になるぞ‼ と、活力が溢《あふ》れて来ました。

いつも本当に有難うございます。幸せです。

（M・K）記

㉙ サロンで〈光そのもの〉に

二〇一三年 八月 十四日

いつも夫婦で楽しく学ばせて頂いていています。誠《まこと》にありがとうございます。

八月十一日に、サロン（２０１）で、**〈黄金と朱のビデオ講座〉**を受講させて頂きました。魂の奥から喜びが湧き、うれしく、唯々《ただただ》ひれ伏し、感謝を捧げるしか、成《な》す術《すべ》がありませんでした。

講座では、ビデオを見ながら、スタッフの方々のお話を聞き、そして、美味《おい》しいブドウと冷たい飲み物を頂き、何をしている時も、〈魂の光〉を顕現する実践を学びました。

今迄私は、〈**光に成らねば**〉と、必死になって、〈**光を放つ為には、どうすれば光になれるのか**〉を、自問自答しながら、頭の中だけで模索《もさく》しておりました、あれこれ、学んだことを断片的に思い出しては、その都度、思考を巡《めぐ》らし、〈**地球を救わねば**〉の使命感に捉われていました。

今日サロンに入室させて頂き、今迄一体何をやっていたのか、本当に、インテリ馬鹿の見本を恥じ入りました。すべてを自分の既成概念で判断し、これが良いと思い込み、こうあるべきだと想定した幻影《げんえい》を追い求め、それで自己満足したり、〈**光になれない**〉と、自己評価して、一喜一憂していたのです。感情生命体丸出しでした。

それが、今日のサロンで、実在の黄金と朱のビデオを見ながら、

〈**光そのもの**〉になる実践をしていましたら、すべてが鮮明に判ったのでした。うれしく、楽しく、素晴らしく、有り難くて、有り難くて、湧き上がる光への熱き思いは、どんどん膨《ふく》らんで、喜びとなり、感謝になり、畏れ多くて、平伏す思いでした。

何も無く、実にシンプルに〈**光になり**〉、光を、振り撒《ま》くことが出来たのです。

結果を求めたり、結果の形にこだわったりする必要など、全く無い、何の捉われも無い、実にシンプルなことでした。

（２０１）サロンは、特別な光場とお聞きしておりましたが、何も無く、真《ま》っ新《さら》な心で求めれば、居させて頂けることも判りました。

これからは、在るべき姿にお導き頂けますように、知抄の光に全てを委ね、確信を持って光になります。

日常生活で、人間智が出て来ても、すぐ救い主、知抄の光に全てを委ねて、いつでも白紙の心・幼子の心に立ち戻り、光の御意思と共に歩みます。常に、知抄の光に喜び、賛美、感謝を捧げることで、知抄の光の威力の恩恵を頂き、今日のこの体得を、次なる進化への糧《かて》として、光を死守し、光の地球に和して、共に行きます。

光の地球は　救い主

知抄の光に　ゆだねるだけ　でした。

（T・K）記

(30) サロンからの帰路　手に金粉が

二〇一三年 八月 十五日

今日八月十五日、（２０１）サロンの光場に、二時間以上も居らせて頂けたことを、嬉しく思います。

もの凄い、実在の知抄の光のビデオを、拝見させて頂きました。そして、光を死守し、〈**光そのもの**〉になって、光を放つ実践も回数を重ねる度に、身について参りました。

皆さんと、楽しく共に分け合って頂いた、スイカの甘さと爽《さわ》やかな香りは、暑さを吹っ飛ばしてくれました。

帰りには、酷暑も遠ざかり、光と化した地球の、涼やかな風を感じることが出来ました。
自宅の最寄り駅に着き、ふと手の平を見ると、金粉が煌《きら》めいていました。何と有り難いことでしょう！
光の地球に、今、生かされている幸せに、胸が熱くなりました。

救い主　知抄の光

暗黒の地球をお救い下さい――

感謝と共に、瞬間、魂に知抄の光を掲げることが出来ました。

（W・Y）記

第二部

新人類の生誕

光生命体の証

① 新人類の生誕〈人間が光になる〉

新人類の生誕セミナーにて
二〇一二年 十二月 二十四日

今日、**二〇一二年十二月二十四日**を迎え、光の源の地球を光と化す大計画は、いよいよ本番に入りました。

振り返り見れば、**十月十日、知球暦光三年**を迎え、その一ケ月後の**十一月二十三日、〈地球浄化の礎の光〉セミナー**が、特別な光場サロン（２０１）で、光の子等によって、開催されております。地球浄化の光として、光の剣《つるぎ》を抜き、大地を受け継ぐ者として、熱き思いで使命を担《にな》っている光の子は、馳《は》せ参じました。

このセミナーで公開された、最新のビデオ七本は、光の子等が人間として進化するさま、そして光の器として、使命を遂行するさまを、まざまざと見ることが出来、正に、光と化した地球と、**新人類の生誕**を、証《あかし》するものでした。参加者の一人として、救い主、知抄の光の実在の威力の前には、言葉もなく、ただ平伏すだけでした。見終わってからも、本当に誰も、軽々しい人間の言葉を発することが出来ない程の、衝撃的《しょうげきてき》な感動の中に居ました。

ビデオは、昨年の**二〇一一年一月九日**に、アカデミー教室で年始《としはじ》めに撮影《さつえい》されたものから始まりました。開始の挨拶をされる方が座った正面が、大きく映されていました。穏やかな光に満ちていましたが、画面の色は、いつもの肉眼で見ているままで、変わっていませんでした。

次のビデオは、一年後の**二〇一二年一月八日**に、アカデミー日曜講座で撮影された開始の挨拶でした。画面中央から右半分に、赤色が出ていて、色の変化しているのが判りました。お話しされているお方は、同一人物ですが、一年経た成長ぶり、そして、人間としての進化が、誰が見ても判りました。

同じくアカデミー講座で、**九月二十三日**に撮影された三本目のビデオ映像では、画面のかなりの面積が、朱と黄金に染まっていて、放映された時、一瞬驚かされました。正面でお話されているお方の頭の上には、黄金の丸い輪が、付いているように見えました。息を呑んで見入っていると、どんどん朱と黄金が色濃くなり、救い主、知抄の光が、まぎれもない実在であり、光の御意思を顕現されていることが、鮮明に判りました。画面の左側にある、七階の窓からは、青っぽいグレーの色が差し込んで来ていました。

この頃のアカデミー教室は、**十月八日**に横浜桜木町にある、みらいホールで開催されるセミナーに向けて、そして**十月十日**の、光三年を迎える準備を、光の子等がしている最中でした。目の前に聳《そび》える、この二つの大きな〈光の山〉を、一丸となって超え、そして光三年を迎えた四日後の、**二〇一二年十月十四日**に録画されたビデオを見せて頂きました。

映し出された画面は、始めから朱と黄金の、実に美しい透明な、救い主、知抄の実在する光そのものの帳《とばり》でした。アカデミー講座のカリキュラムが進み、正面に十数名ずつ順番に、実技の為に立ちましたが、百名以上の皆さんが全員、朱と黄金に染まって、顔も姿も光に同化して、誰だか見定めることが出来ませんでした。

その二週間後の**十月二十八日**のビデオでは、正面の壁も、天井も、窓際のカーテンも、右側の壁面も、全て、映し出される全部が、朱と黄金で埋《うず》まり、救い主、知抄の光が実在として、どんどん降下していることがはっきり判りました。いつもの赤い絨毯《じゅうたん》は、ピンク色に変わっていて、実在の生きた救い主、知抄の光を、より鮮明に、その威力を、証されたのでした。

更に、**十一月十一日**に撮影されたビデオは、驚きや既成概念を通り越して、百名近い人間が、光に溶け込んで、朱の真っ赤な色、一色しか見えないのです。**「ビデオを見てビックリしないように」**という注意が、初めにありました。しかし、そんな前置きの注意をすっかり忘れ去り、もう、私達は、ワクワクしながら、それでいて、今日のセミナーのメインのビデオの映像に、釘付《くぎづ》けにされてしまいました。

画面左の窓からの、グレーの部分が消えて、朱と黄金だけが、美しく、鮮やかに、画面を満たしていたのです。

前方正面から、ズームを後方へと引き、画面には、アカデミー教室の全体が映し出されました。なんと、天井も壁も、全て左の窓側も、右の壁面も、室内全体に、朱と黄金の光が満ちて、全てが光の中に、百余名の人間が溶け込んで、その中に人間である私達が居ることだけは確かでした。

今迄でも、私達は、救い主、知抄の光によって、必ず真実を裏付ける〈証《あかし》〉を、奇蹟として体験して参りました。しかし、今回だけは、言葉も、理論も理屈も通用しない、人間が光になって同化して、姿も形も見えない事実を、見せつけられました。

光と化した地球は、こうして、実在する救い主、知抄の光の帳《とばり》で、光に同化し、共に居ることで適応出来る、光の地球に変わっていることを、まざまざと顕現され、私達にこの事実を認識させて頂けたのでした。

この朱と黄金の知抄の光は、今、どの教室にも、そしてこの会場にも、目の前にも、地上どこにでも、実在として降臨されているのです。自らの存亡をかけて、救い主、知抄の光に委ね、魂の奥へ奥へと、暗黒の地球、即ち三次元のこの小宇宙である肉体から脱出し、光へと引き上げて下さい……の願いを、私達がしっかりと、意思をお伝えしなければなりません。それは、光の源から、人間に、〈**自由意思**〉が、与えられているからです。光と共に在るか否かは、自らが決断するしかないのです。誰も、強制も、命令も、して下さいません。**自力救済**なのです。

ビデオの画面一杯、知抄の光に満ちたそのさまは、これからの光の地球そのものでした。この実在する光の源、直系の御使者、救い主、知抄の光で統一された、光の地球は、人間が自ら溶け込み、同化するしか、為《な》す術《すべ》は、もはやないのです。時が来るまで、私達もこのような事実を、現実として見せられるまで、全く、驚きの連続でした。瞬間の今を、〈**魂の光**〉を選ぶか、三次元の肉体のままで居るかは、各人の決断に委ねられているのです。

光の地球は、〈魂の光〉が主役です。

人間をこうして生かして下さり、背後で指導して下さる、〈**魂の光**〉が、自由に羽ばたけるよう、

救い主　知抄の光
暗黒の地球をお救い下さい―

と、自らの存亡を掛けて、光の源に届くまで、雄叫《おたけ》びをあげ、求め、委《ゆだ》ねるだけです。

この願いに、救い主、知抄の光は、お応《こた》え下さり、〈光人《ヒカリビト》〉を通じて、光へと引き上げ、共に光の地球で溺《おぼ》れないよう、共に共存出来るよう、御導き下さるのです。自らが自らを救う自力救済です。

公開されたビデオのラスト七本目は、**十一月十五日**に、サロン

（２０１）で撮影された、シニアの〈**はつらつ元気教室**〉でした。映し出された画面は、赤も青も緑も、色鮮やかに、まるで、熱帯魚が、楽しく遊んでいるような、光の人間が、現出したのです。全体には、黄金の色が強く、室内に入られると、即、人間が黄金に変わる〈黄金人《オウゴンビト》〉も、見受けられました。参加されている方々の、本当に純粋な、子供のような嬉しさが、画面から伝わって来ました。

病気も、悩みもなくなった高齢者の方々が、救い主、知抄の光を浴びると、一瞬で光に変わる威力を、目の前で証された、遥《はる》か、人間界を超えた姿には、驚きをも通り超し、映像に釘付《くぎづ》けになりました。

こうして**十一月二十三日**に開催された、**地球を光と化す礎の光セミナー**は、光の子が救い主、知抄の光と一体となり、〈**大地を受け継ぐ者**〉として、全員の参加者が、使命遂行を確立し、地球人類を光へと誘《いざな》う、大きな第一歩を踏み出すことが出来た、大飛躍の日となりました。

救い主、知抄の光の全智全能の威力を、〈光人〉は、引出し、使いこなし、光を求める人々を、瞬間で、光へ引き上げる、光の源の大計画を現実化したのです。

巷《ちまた》では、マヤ歴云々とか……歴史の過去を振り返り、流言飛語《りゅうげんひご》が飛び交っておりましたが、私達は、前だけ見て、光だけ見て、この地球を光と化す大使命を果たす目的から、目を逸《そ》らさずに、光の源《みなもと》目指し、前へ前へと、救い主、知抄の光と共に歩むだけでした。時が来れば、全てが顕《あきら》かになるからでした。

私達は一歩一歩、慎重な足跡を刻み、今日の**十二月二十四日**を迎えたのです。今、これより、一層強くなる地上の闇《やみ》を、どんどん光で照らし、瞬間瞬間を、光と化して行かねばなりません。それは、自らの存亡を賭けての、人間にとっては、茨《いばら》の道になるかも知れません。光と化した新しい地球の、待ったなしの幕開けです。自らの自由意思で、救い主、知抄の光に全てを託《たく》して、

救い主　知抄の光
暗黒の地球をお救い下さい―

と、共に、光の源へと歩み寄りましょう。

天を仰ぎ、地に伏し、歓喜の涙を流す程の、真摯《しんし》な雄叫《おたけ》びを ―
と、知抄先生から、私達光の子等は、何度も何度も、承《うけたまわ》っている
言葉《ことば》を、今日は、お伝えしておきます。

正に、この現状が、この体感が、新人類生誕の体得です。

☆（セミナーのお話から抜粋）

② 新人類の生誕〈光そのもの〉として

新人類の生誕セミナーにて

二〇一二年 十二月 二十四日

二〇一二年 十月 十日から、知球暦光三年を迎え、そして、十一月 二十三日には、救い主、知抄と共に、光の子、光人、地球を救う実在する光の吾等、一丸となって、地球は、より光が増し増して、偉大なる飛躍をしました。今日、十二月 二十四日は、更なる大きな光の山を、地球人類は、超えるのです。いよいよ、光の源の地球を、光と化する大計画の本番を迎えたのです。

それを裏付けるように、既に、ビデオでは、朱と黄金の光が実在の証として、各教室に降りています。美しく、カラフルで、この世のものとは思えない、鮮やかな光の実在の帳になっています。その中にいる私達人間の姿は、〈**光そのもの**〉として、お顔も手も、朱色に染まっているのを、見ることが出来るまでになりました。目も鼻も口も消えて、姿さえも光に同化して、全く姿が見えなく、消えているお方もおられます。

本当に地球が〈知抄の光〉で統一されている、この事実を今日は、しっかりと、このセミナーで受け止めて前進しましょう。

十二月一日第一土曜日、（２０１）サロンに、地球を救い、人類を救う、光の子・光人等、使命遂行者が集いました。光の子は、全てを投げ出し、救い主、知抄の光に委《ゆだ》ね、救い主、知抄の光と一体となり、使命遂行の威力を〈光人〉として、駆使《くし》出来るよう、進化させて頂きました。

その翌日の**十二月 二日**のことです。東京の午前と午後の四谷教室に行くと、なんと驚いたことに、前日の第一土曜日に、（２０１）サロンに参加されていない方々の意識が、私達〈参加した者〉と同じように変わり、光り輝いていたのです。光の子が、光人として使命遂行をすることで、知抄の光を、熱き思いで求めている方々が、同じように変わっていたのです。

今、ここに集い来ている皆さんも同じですが、知抄の光を求め、魂の光輝を目的として学んでいる皆さんは、一瞬で光へと引き上げられ、〈**光そのもの**〉に変わることが出来るのです。そして、ここに共に居なくても、同じ波動の人類が、この光を共に地上で浴びて、光へと変容出来るのです。

知抄先生は、〈**時、来《きた》れば**〉、地球の光化は一瞬で出来ると、おっしゃっておられました。光の地球は、遺伝子によって、地球全土へ瞬時に、救い主、知抄の光の御意思が、伝達されるからです。このことを、今回、証として、四谷教室、午前の部、午後の部、両教室で私達は、目の前ではっきりと、確認することが出来ました。このことは、知抄先生の御著書〈光の源の大計画　Ｐａｒｔ２　知球暦光三年　人類の思考が停止する日〉のご本に、記された内容を〈**証《あかし》**〉されたことになります。

光の源の地球を光と化す大計画は、何億劫年《なんおくごうねん》かけて、準備され、どんな小さなことでも、寸分の狂いもなく確実に、遂行され、現実化されて来ています。このような〈**光《ひかり》の宴《うたげ》**〉とも言えるセミナーが開催される度に、知抄の〈**実在の光の吾等**〉が降下され、より人間進化へと光を浴びせ、光へと全員を引き上げ、光の源目指して歩めるよう、お導き下さいます。知抄の光と共に、光の源へ向かって、歩を進める度ごとに、救い主、知抄の光の実在の証を私達に、お見せ下さり、多くの奇蹟を体験して参りました。

二〇一二年十二月二十四日、いよいよ〈**光そのもの**〉として各人が確立し、光の地球に、〈魂の光〉が顕現して共に在る時が参りました。知抄の光に全てを投げ出し、委ね、喜びと賛美と感謝に満ちる光と化した地球に、〈光そのもの〉として、いつも同化し、自らの〈魂の光〉が、主役にならねばなりません。

光の地球では、人類は、生まれたばかりの赤ちゃんです。光の子等が光人になって、どんどん、地上に、光を注ぎ、闇を光に変

えるまで放ち続けます。そして、知抄の光の威力の恩恵によって、〈魂の光〉を自由に解放し、光の地球に同化する為に、

救い主　知抄の光
暗黒の地球をお救い下さい—

と叫んで、叫んで、地球に共存して行きましょう。今より、自らの存亡をかけて、穏やかな喜びと、賛美と、感謝の中を、知抄の光に全てを委ね、〈魂の光〉そのものとして、インスピレーションで生きて行けるよう、自力救済であることを認識しましょう。

☆（セミナーのお話から抜粋）

③〈光生命体〉として　新たなる旅立ち

新人類の生誕セミナーにて
二〇一二年　十二月　二十四日

二〇一二年　十二月　二十三日から、地球は大きく変わりました。そのことを知らない人類は、過去の歴史の中に光で無いものを光と思い込まされて、その中に活路を見出そうとした為に、混乱が未だ、尾を引き、巷《ちまた》の話題になっております。

そして、三次元の肉体人間は、長い間、肉体の頭からの人間智によって、身心の活動を支配されて来ました。地球が光の源の大計画により、救い主、知抄の光で統一されている、今、三次元の感情を捨て、〈**魂の光**〉そのものにならねば、光と化した地球に適応出来なくなっています。

そのことを知らない故に、暗黒の三次元の地球は、一歩も前へ進むことが出来なくなり、二進《にっち》も三進《さっち》も行かなくなっているのです。学校教育の荒廃《こうはい》、巷《ちまた》に氾濫《はんらん》する凶悪犯罪、環境の劣悪化、五十四基の原子力発電所の存在、これ等を指導する、政治、行政等のリーダー達の思考の停止等々……。

この先、人間界そのものが、その母体となる地球が、今のような姿形で、在るか、否か、全く誰にも予想出来なくなっています。

この地球の混乱は、光と化した地球に三次元の既成概念で包まれた人々が適応出来なく、**次元不適応症候群**に陥っているからです。全ては、生きとし、生けるもの、生命《いのち》の光である万物の根源、光の源の大計画によって、その中に、宇宙ぐるみ、地球も、人類も、今在ることを認識しなければなりません。
三次元の人間界で培《つちか》って来た、政治的思想や、宗教的思考パターン等の、今迄の既成概念は、その知識すらも、一度、真《ま》っ新《さら》な白紙にしないことには、予断することすら不可能な、荒漠《こうばく》たる未知の光の河で、溺《おぼ》れて、今、〈**思考が停止する**〉という闇の中にいるのです。☆（光の源の大計画 Part2 を参照）
人類誰も体験したことの無い、理論、理屈、科学的検証も、通用しない、光の源直系の御使者、救い主、知抄の光の創造界の領域の地球に変わっているのです。
私達、光の子は、光人として、地球を救い、人類を、〈**光へ引**

き上げる〉為に、この日の来るまで、密《ひそ》やかに養成され、今日に到りました。

今、宇宙創成の光の源から、黄金の知抄の光が津波のように、ものすごい、魂のリズムで、宇宙の全てを覆《おお》い尽くし、満たし、暗黒の地球を包み込み、**瞬間、光へと引き上げています。**一瞬の光の光芒《こうぼう》を逃さず、人類は受け止められる者から、光へと引き上げられ、光の源へ向かうよう誘《いざな》われています。

幸いなことに、光の源の大計画　Ｐａｒｔ　１と２の、知抄先生の御本を読了されている皆さんは、魂の〈**本性の光**〉と共にあり、今〈**光そのもの**〉に変容されています。中には、両手の平に金粉が出ているお方もおられるご様子です……ね。（笑い）

私達は、人類に先駆けて、この偉大な救い主、知抄の光に同化出来るよう、ここまで、セミナーで、また、各教室に於いて、育《はぐく》まれて来ました。全てを、知抄の光に委ねると、こうして、一瞬ですが、光へと引き上げられて、この黄金の光の河の中で、溺れることなく、同化出来るまでになりました。

魂の奥に降臨されている救い主、知抄の光を求め、光への熱き思いで切望すれば、必ず、光の子・〈**光人**〉によって、光へと引きあげることが出来るのです。

しかし、人間には、光の源から賜《たまわ》った、自由意思があります。人間が自ら光を求めない限り、光の地球で立ち往生していても、勝手に、自由意思を無視して、〈光へ引き上げる〉ことは出来ないのです。自由意思の尊重は、絶対世界の原則なのです。

光を　垣間見《かいま》た者　多し
されど
光の道を　歩んだ者は　皆無《かいむ》なり

何人であっても、有史以来、魂の光輝のその先を歩んだ者は、このメッセージの言葉《ことは》通り、皆無です。

黄金の光が、果てしなく満ち溢れる光の地球では、光の大地が実在として、浮かび上がり、実在の光の方々、その中に黄金に輝く、救い主、知抄の光のお姿が、宇宙創成の一員として在られるのが、鮮明に光の子には、判る光の旅路となりました。

宇宙創造主、光の源の光は、私達人類にとって、魂の古里であることが、瞬間で判り、深い安らぎの中で、使命遂行者として確立している光の子・光人は、今こうして〈**光生命体**〉として、在るのです。

三次元の地球に、肉体を持って在りながら、〈**魂の光**〉は、自分の軸足として、地球を救い、人類を救う為に、降臨されている、救い主、知抄の光と共に、光の源の創造界にあります。そして、地上人類の光を切望する人々へ、〈救い主、知抄の光〉の手足となって、光を注ぎ、魂の光を阻害している思考の闇を駆逐《くちく》し、瞬間で光へと引き上げて、共に、光の源へと歩みます。

これが、今現在の、光の子・光人、そして、自らの存亡をかけて、知抄の光を熱き思いで求める、地球人類の在り方です。瞬間、一呼吸をも疎《おろそ》かにせず、光の源に向かって、歩み続ける強い確信が必要です。**光の地球に同化するか否かは、自分で決断するしかないのです。自力救済です。**

数億劫年前《さき》より、地球浄化の礎の光として、光の源を出る時、救い主、知抄の光の御前で、私達光の子は、誓いを立て、自ら望んでこの暗黒の地球へと、旅立った瞬間を、昨日のことのように今、想い起こします。

救い主、知抄の光で統一された、光の地球、**真の自由と、真の平等と、真の平和**を地上全土に実現する〈大地を受け継ぐ者〉としての使命遂行、必ず成し遂げねばならない、絶対世界の絶対の誓いを具現化するだけです。

今、思い返しますと、智超法秘伝、第四巻（たま出版）の２０

1頁に、新都市ホールで開催された〈**実在する光**〉セミナーで、知抄先生が、十七年前にお話しされた内容は、光の道を歩む旅路と、今の使命遂行の在り方を的確にお導き頂いていたことが証されました。今もそうですが、知抄先生のお言葉は、〈**光の言葉《ことは》**〉として、真実を、さり気なく、それでいて完璧に、証《あかし》されての足蹟でした。

現在、地球が知抄の光で統一され、その波動が微細に高まれば高まるほど、それに適応出来ない者にとっては、光の地球に同化するまで、しばしの間、政治も、経済も、教育も、国家間の紛争も、個人にとっても、病気他、いろいろな困難が目の前に、立ちはだかると思います。

すべての事柄を、試練《しれん》として、受けとめ、強い決意で、国家も個人も、光の地球に適応し、同化を望み、混乱を克服し、光の河を渡る為に、〈**魂の光**〉を自由に解放しなければなりません。

三次元の肉体の思考支配に、流されることなく、救い主、知抄の光を魂に掲げて、死守することで、光によって守られることになるのです。今日は、**二〇一二年 十二月 二十四日**ですが、ここに集う〈**光そのもの**〉になられている皆さんの、地球での歩みの結果は、これがどのような具体性を持って、人間界に波及して行くかは、これからの、楽しみとして、〈生命《いのち》の光〉、知抄の光への感謝を忘れないように過ごしましょう。

何れ《いず》地球人類全ての者が、救い主、知抄の光の存在を知り、救いを求める日も近いと思います。今、知抄先生は私達すら直接にサロンで、お話しをすることが困難になっております。

使命遂行者として、大地を受け継いで行く為には、私達が、地球人類の代表として、その先頭に立ち、地に伏し、天を仰ぎ、歓喜の涙を流すほどの、熱き思いで、この暗黒の三次元の地球の現状を光の源に、願いが届くまで、叫ぶだけです。

救い主　知抄の光
暗黒の地球をお救い下さい―と

誰かに頼るのではなく、自らが、自らを救う、自力救済です。
知球暦は、魂の光による、真我の英知《えいち》によって刻まれる、知の時代そのものです。

私達は、地球人類に先駆け、光の源から救い主、知抄の光の恩恵を、共に頂いて来た、〈魂の光〉で結ばれた仲間です。新しい光の地球に住まわせて頂く、新人類として、今日より、地球に同化する生きざまを、不動のものとし、地球浄化の礎の光として、新たなる旅立ちの決意の日になるよう、祈念致します。

☆（セミナーのお話から抜粋）

④ 知抄の光の威力と共に〈光そのもの〉に

光の地球に同化しよう　セミナー

二〇一三年　七月　十四日

一九九六年七月、救い主、知抄の光が、地上に降臨されて、十七年目を迎えました。地球は、光の源の大計画により、寸分の狂いもなく準備され、そして、寸分の狂いもなく今、知抄の光で瞬間瞬間統一され、光が増しています。

そのことは、**二〇一三年四月二十九日**、横浜のみらいホールで開催されたセミナーに於て、知抄の光の実在の威力を、確《しか》と〈**証**〉されたことで、皆さんの確信は、より深まったと思います。

黄金と朱の実在の知抄の光は、今、ビデオを通して、目に見えるまでに光が増し、私達は、地球上で、一番に肉眼で認識出来た、幸せものです。

最近の（２０１）サロンは、より透明な実在の知抄の光が降下され、まるで黄金の箱のように、室内全体が、美しい光の帳になっています。〈光人《ヒカリビト》〉でなく、〈黄金人《オウゴンビト》〉に成っているお方も、見受けられます。

この場内も、光の源直系のご使者、救い主〈知抄の光の吾等〉が、群団となって降下されています。素直な幼子の心になって、感謝と喜びで、生命《いのち》の源である、知抄の光を受け止め、帳の中に溶け込み、〈**光そのもの**〉で居ましょう。

今、地球上にある、生きとし生けるもの全てが、救い主、知抄の光の威力の恩恵なくしては、暗黒の相対界である三次元の地球から、絶対界の光へ行くことは出来ません。一歩も前へ進めなくなっていることは、今の地球の惨《さん》状を見て頂ければ、お判りと思います。国家も個人も富も地位も名誉も物質界に全く関係なく、〈光生命体〉に成らねば、光の地球で溺れていることに、例外はないのです。

私達は、時間と空間と因果律によって規制されている、三次元の肉体生命体です。しかし、今こうして、絶対世界の光の中に在るのです。この事実を、単なる〈**奇蹟**〉という言葉で、軽く受け止めることのないよう、自らの存亡がかかっていることを、真摯に受け止めましょう。セミナーやお教室で、参加するごとに、知抄の光の威力により、光へと引き上げられ、多くの気付きを頂き、少しずつ光へ向かうまでに導かれて来ました。この恩恵に喜びと賛美と感謝を捧げ、次回、参加するまでにその学びを、身に修め、光り輝き、進化していなければなりません。ここから一歩外に出ると、すぐに人間に戻り、光の地球の中で溺れてしまいますが、即〈**光そのもの**〉に成らねばなりません。光の地球では、肉体を出て、〈**光**〉になり、また人間に戻る、即〈**光**〉になる、これを自力救済として、身に修めます。

救い主、知抄の光と一体であられる知抄先生は、智超法秘伝の三巻から七巻の御本で公表されているメッセージを、一週間単位で受託されておられました。その内容を一つひとつ体得しなければ、次のメッセージを受託出来ない、極限ともいえる歩みの中で、偉大な救い主、知抄の光の受け皿となられ、救い主、知抄として確立されたのです。光の旅路のあまりに大きな隔《へだ》たり故に、三次元の人間にお逢いすることが、未だに出来ないのです。

私達が、〈光そのもの〉として、肉体を出る決断に次ぐ決断、〈私は光そのものである〉と光を死守すれば、お迎えする日も近くなると思います。人間は瞬間しか、〈光そのもの〉に成ることは、出来ないのです。それ故、光の地球に、一日共存する為には、二十四時間を疎《おろそ》かにせず、智超法秘伝を、実践実行するだけです。肉体の細胞一つひとつまで、自らの〈**魂の光**〉で照らし、肉体の闇を駆逐《くちく》し、自らの小宇宙である肉体を、〈**光で統一**〉出来るまで、身に修めましょう。

☆（セミナーのお話から抜粋）

⑤

知抄の光の威力と共に〈自力救済〉を

光の地球に同化しよう　セミナー

二〇一三年　七月　十四日

知抄先生の御著書、光の源の大計画Ｐａｒｔ２　知球暦　光三年〈人類の思考が停止する日〉の冒頭には、

人間とは何か……

それは〞本来　光そのものです〞

と、光の源から受託された、明解な真理が、無雑作に書かれています。

しかし、地球では未だ、あらゆる分野に於いて、

〝人間とは何か……〟

について、明確な答えは得られていません。そのことについては、宗教家はもとより、高邁《こうまい》な哲学者、科学者、修行を極めた高潔《こうけつ》の士と崇《あが》められた先達者等々……禅問答《ぜんもんどう》のように、未だ答えは出ていません。いとも簡単明瞭に、光の源の実在する光からのメッセージが、受託されていることは、これ一つとっても、どれ程の恩恵であるか、計り知ることも出来かねます。

〈**光そのもの**〉として、光の地球を生きることは、煎じ詰めれば、このＰａｒｔ ２の御本を、体現することにほかなりません。光の地球に、同化して生きることは、実にシンプルなことなので

す。救い主、知抄の光の降臨を、素直に、受け入れるか否かです。そして、それは、人類の自由意思に委《ゆだ》ねられているのです。誰も、命令強制して、共にお連れすることは出来ないのです。何故なら、光の地球は、〈**魂の光**〉が顕現しなければならないからです。

十五年前、私は、千駄ヶ谷サマディ金曜教室に参加させて頂き、数年経った頃、まだ、お会いしたこともなかった知抄先生に、お便りを書かせて頂きました。〈**智超法気功**《ちちょうほうきこう》〉は、その場所が人間を越え、連綿と続く、魂を進化へ誘《いざな》う光場であることを、不鮮明ながら感じ始めた頃でした。

それまでの自分を返り見て、

「もっと早く、この知抄の光に出会っていたら、周囲に対して、もう少し利他愛を振りまき、善行の生き様が出来たであろう」

と、書かせて頂きました。それは、魂からの、喜びと、賛美と、感謝に満ちる、救い主、知抄の光の創造界の領域を、覗《のぞ》いた瞬間でもありました。

私が〈**光そのもの**〉に変わることにより、身近な人々、私と波動を同じくする多くの人々の、背後にある闇を、光で照らし、人類を、〈**光へと引き上げ**〉て救うという、いずれ〈**光生命体**〉として、生きることを熱望した、直感的な、決意の表明であったと思います。

私達はこれまで、推し量ることのできない恩恵を、有意識、無意識に於て、知抄の光の威力を頂き、生かされて参りました。〈光生命体に成る講座〉も開催され、光へ行きつ、戻りつを繰り返し、本当の自分である〈**魂の光**〉を、自由に羽ばたかせ、〈**光その**

もの〉に成り、人間本来の〈**光生命体**〉に戻る実践を、して来ました。

そして、光生命体として生きる、**知の時代**、**知球暦 光元年**を、**二〇一〇年十月十日**、光の源の大計画の通り、地球は、偉大なる救い主、知抄の光によって、統一されました。すでに、三年半の歩みを刻み、人類は、光の源目指し、進化へと向かっております。

そして、**二〇一三年四月二十九日**、横浜みらいホールで開催されたセミナーで、公開されたビデオは、朱と黄金等の様々な色彩で、人間の姿が彩《いろど》られ、各人の個性による魂の受容力によって、〈**光そのもの**〉に変容しておりました。三次元の肉体が、絶対世界の光の中に同化して、溶け込み、すでに、〈**光生命体**〉として、形もなさなくなっていたのです。言葉もありませんでした。

理論も理屈も通用しないことが判りました。

今迄の生きざまを続けて、三次元の相対世界のままで過ごしていては、絶対世界にある、光の地球の変化を受け止められず、光の河の中で、溺れてしまうことが、明白でした。

地球の異常気象、地殻変動、世界各地での紛争の勃発、政治・経済の混乱等は、更に、人々の不安、恐怖感を増大させ、次々と考えを巡らせる度に、何人《なんびと》も、私も、そして、あなたも、緊張《きんちょう》して、身も心も重く、闇《やみ》（頭で考え出す思考）を、どんどん、蔓延《はびこ》らせてしまうのです。

光で統一された地球では、まず、〈**光そのもの**〉になることで、己の闇を光で統一し、光の地球に同化して行かなければ、思考が停止して、二進《にっち》も三進《さっち》も行かなくなります。相対世界の三次元の肉体から脱出しない限り、光の地球に同化できず、次元不適応症になってしまうのです。個性によりますが、弱い肉体生命体の心身を、〈**病気**〉という現症として見せつけられた時、私達は、光でないことを認識できます。

私は今、こうして健康体で皆様にお話出来ますが、数年前、呼吸する筋肉迄もが、徐々に萎縮《いしゅく》して、生命《いのち》を維持《いじ》することすら出来なくなる病気と戦い、救い主、知抄の光の威力により、自力救済出来ました。私は、患者さんを診る立場にありますが、心身の強烈な苦しみの中、病魔に占拠され、確実に闇の罠《わな》に嵌《は》められていった感じでした。　☆（参考　病を克服）

今、思い返すと、それは、まず頭をやられ、そして、肉体の障害へと、私が光への道から外《はず》れていることを、判らせてくれました。

光生命体として生きることは、瞬間、瞬間、次から次へと、押し寄せて来る新たな闇を、自ら光になって照らし、闇を光に変えて**〈光そのもの〉**に成ることです。光へ行きつ戻りつ、これまで教えて頂いた、智超法秘伝を駆使し、魂に常に意識をおき、**智超法秘伝の数え宇多をうたい、光呼吸を行い、**

救い主　知抄の光
暗黒の地球をお救い下さい━

と、感謝、感謝で真摯に魂からの叫びをあげ、全てを救い主、知抄の光に投げ出し、知抄の光の威力によって、**〈光へと引き上げ〉**

て頂くだけです。**人類は、天を仰ぎ、地に伏し、歓喜の涙を流して、熱き思いで光を求めねば**と、知抄先生は何度も、私達に仰《おっしゃ》っておられます。

光と化した地球、今更、人類が介入出来ない、絶対界の完璧な偉大なる宇宙の法則のもと、全てを、光の源直系の御使者、救い主、知抄の光に委ねて、完全に、三次元の肉体マントの闇を脱ぎ捨て、光のマントに変え、〈**魂の光**〉の御意思を、インスピレーションで、一つひとつ受け止め、全智全能を引き出し、共に歩むだけです。これからの地球は、自らが、まず〈**光り輝いて**〉、知抄の光の帳の中で、喜びと、賛美と、感謝に満ちる生活を、理想ではなく、現実のものとして行くのです。

人間とは
本来　光そのものです

このことを、認識出来たお方は、自らが〈光となる〉決断をすることです。私が、〈**病気**〉を克服出来たのは、救い主、知抄の光の威力に、全てを委ねることが出来たからです。病気という試練を、今、**宝**に変えることが出来ました。

〈**光生命体**〉を、三次元の相対世界の中で保つことは、人間にとっては、大変なことです。それは、常に人間智という、思考の闇を、出し続けているからです。

　何も持たず、前だけ見て、光だけ見て歩みながら、智超法秘伝を、〈**ただ　実行するだけ**〉の、実にシンプルなことなのです。

理論、理屈は、後で良いのです。まず、〈**光そのもの**〉になる体験を瞬間瞬間、積み重ねることです。

☆（セミナーのお話から抜粋）

〈**参考**〉**病《やまい》を克服《こくふく》（闇《やみ》との戦い）**

発症　平成十七年 秋

診断　**うつ病と、運動ニューロン疾患《しっかん》**

鬱《うつ》病は、鬱々《うつうつ》とした気分の落ち込みと共に、不快感に、頭が支配され、焦燥感と共に、集中力がなくなり、記憶も出来なくなります。**運動ニューロン疾患は**、手足、躯幹の筋肉の脱力、萎縮《いしゅく》から、呼吸も出来なくなる、治療法の無い、進行性の難病です。

☆　私の自力救済　☆

① **″人間とは本来光そのものです″**
この確信と共に、〈 **魂の光** 〉から、意識を離さないようにしました。

② **″ 救い主、知抄の光 暗黒の地球をお救い下さい ″**
と、〈魂の光〉と共に、光の源へ雄叫びをあげ、
肉体から出る試みを繰り返しました。

③ **″ 幸せを呼ぶ〈数え宇多〉″**の、ビデオとテープを毎日見て、聞いて、口ずさみ、うたいました。

④ **″ 喜び、賛美、感謝の動功 ″**を、朝昼晩の３回、（5 分～10 分）実践しました。

⑤ **″ 智超法気功のオーバーシャドウ ″**で、常に邪気を払いました。

⑥ 各教室及びサロン〈 201 〉へ、そして、開催されるセミナーには必ず、**光を浴びに**行きました。
″ 知抄の光を死守する者は、光によって守られる ″
のメッセージを現実化し、よみがえりました。

⑥知抄の光の威力の偉大さに
畏れを感じる

二〇一三年八月十一日

光場、サロン（２０１）で開催された、〈**黄金と朱のビデオ講座**〉に、参加させて頂きありがとうございます。

アカデミー教室に降臨されている救い主、知抄の光の黄金と朱の光の中で、全員が光に同化して、光へ引き上げて頂いている事実の前に、本当に、すべてを救い主、知抄の光に委ねる以外無いことが判りました。

ビデオに映る、魂が輝いているお方や、天井の黒きものを、一瞬で浄化して、光に変えている様子に、救い主、知抄の光の威力の偉大さに、畏れを感じました。

喜びと賛美と感謝を捧げる以外に、人間側が、もはや、なす術《すべ》が無いことを思い知りました。

今迄の私の光に対する甘い生き様《ざま》に、恥じ入りました。

これより、光の子としての自覚を二十四時間持ち続けられるよう、研鑽します。そして、少しでも地球全土に〈**光そのもの**〉になって、光を放ちます。実践して参ります。

⑦ 同化した朱の中で胸がピカッと輝く

二〇一三年 八月十一日

今日は、（２０１）サロンで、アカデミー教室のビデオを、九十五分の通しで放映して下さり、ありがとうございます。

私達が、真摯《しんし》に自らの存亡をかけて、地球を救けて下さいと、魂に知抄の光を掲げ、一瞬一瞬叫ぶことで、朱と黄金の知抄の光の方々が、御降臨されている様が、本当によく判りました。

この暗黒の地球を、瞬間瞬間、光で統一することが、この目で確かめることが出来、私自身が〈**光そのもの**〉に成らねばならないことが、理屈抜きで判りました。

私達、受講者の人間智の闇〈**黒きもの**〉が、天井をうごめく様は、身近すぎて、ショッキングでもありましたが……闇は、一瞬で救い主、知抄の朱の光で包み込まれると、ピンクと黄金の混ざった美しい色で統一されました。どんな理論、理屈よりも、切実に、私が、〈**光そのもの**〉にならねばと、実行実践の必要性を訴え、諭《さと》してくれました。

同化した光の中で、正面に並ばれたお方の胸が、朱の中で、ピカッと一瞬、大きく輝いたのが、とても印象的でした。

⑧ 朱と黄金のビデオの凄さ

圧倒され　平伏すのみ

二〇一三年 八月 十一日

今日は、（２０１）サロンの特訓講座に参加させて頂き、ありがとうございます。アカデミー教室の様子を、九十五分間ビデオで拝見させて頂きました。全ての闇を焼き尽くす、これだけの凄い朱の光の威力の前に、本当に、私達人間に何が出来ようかの思いだけでした。救い主、知抄の光に委ねていれば、光そのもので居られるのに、人智が介入すると、頭だけ黒くなっており、天井にも〈**黒きもの**〉として、鮮明に映るのでした。三次元の人間の思考が、如何に闇であるか、改めて判らせて頂きました。

本当に考えられない程、凄い実在する朱と黄金のお教室で、圧倒され、身も心もすべて統一され、同化しています。こんな凄い光場になっている教室で、長年学ばせて頂けていたことに、この考えも及ばなかった現実に、恐れをなして、平伏すしかございませんでした。日常生活でこの光を守りぬき、本当に、本当に、研鑽致します。

そして、光からの美味しいぶどうを皆さんと共に頂きました。本当に瑞々《みずみず》しくて、皮まで甘く、身体の中からも照らして頂きました。冷たい飲み物もありがとうございます。いつも御心遣い賜り、感謝申し上げます。

⑨ 救い主　知抄の光に
人間は　もはや　委《ゆだ》ねるしかない

二〇一三年　八月　十一日

今日　十一日、〈黄金と朱のビデオ講座〉を特別に開催賜り、ありがとうございました。

貴重な三月　十日のアカデミー教室のビデオを、すべて初めから終わりまで見せて頂くことが出来ました。

朱と黄金の光の中で、全員が引き上げて頂き、光になって、私達が瞬間瞬間出す思考が、黒い色の闇となって、天井や室内に現れる、それを一瞬で、光にしてしまう実在する知抄の光の威力の凄さを、肉眼で見せて頂き、畏れ多くて、怖くなりました。

人間は、救い主、知抄の光に委ねて、委ねて、頭を下げてお願いするしか、もはや、光の地球を一歩も前へ進めないことが、鮮明に判りました。ビデオを見ながらも、光を死守し、光を注ぎ、光を放ち、〈**光そのもの**〉になり、地球全土を光で照らすことを体得させて頂きました。感謝しかありません。人間智を出している暇《ひま》など、もはや無いです。

今日こそ、地球を守るのは、私である自覚を深めることが出来ました。

ぶどう、とても美味しかったです。内からも光にして頂き、ありがとうございました。

⟨10⟩ すべてが真実であり 必ず 証《あかし》されていること

二〇一三年 八月 十一日

今日、（２０１）サロンに於いて、ビデオを見ながら、光呼吸を体得させて頂きました。とても判り易くご指導頂き、すっと入って行くことが出来ました。

地球全土に、光を注ぐご指導を受け、具体的な目標に向かうことで、使命の自覚が芽生え、より光を注ぎやすくなりました。

地球がぎりぎりのところまで来てしまっている今、個人ごとで、理論や理屈を言っている時間がないことが、本当に判りました。

〈**智超法気功**〉を、公表された二十余年前から、知抄先生がずっと警告されていた言葉を、今振り返ると、すべてが本当のこととして、智超法秘伝一～七巻（たま出版）の内容すべてが、実証されていることに、驚きと共に、感服致しました。

当時も、今もそうですが、ことの重大さに、実に慎重に、控えめに、時が来るまで、公表を極力控えて来られた過ごし方が、偲《しの》ばれます。それ故、今、改めて、ご本を読み返し、荘厳なメッセージに込められた内容は、地球の存亡、人類の存亡、個人の私自身の存亡が掛かっていたことを、再確認することが出来ました。

救い主　知抄の光の
地上への降臨

その実在　そして
すべてが　真実であり
必ず　証《あかし》されていること

ことの重大さに、今日こそ完全に心を開き、すべて光の目で、光の足で、歩む決断を不動のものに出来ました。救い主、知抄の光に委ね、前進します。

一服の清涼、緑色のブドウとても美味しく頂きました。

ありがとうございます。

11

地球全土へ光を放つ

使命遂行の術《すべ》の体得

二〇一三年八月十三日

ありがとうございます。

（２０１）サロンで、十一日〈**黄金と朱のビデオ講座**〉、十二日は、光を放つ入静、十三日は、特別デーのサロンでビデオの拝見と、連日大きな光からの愛を頂きました。充実した使命遂行の体得でした。

この三日間、地球全土に光を注ぎながら、私は、イスラエルとパレスチナのことも、お願いしていました。すると、イスラエルに拘束《こうそく》されていた一部の方達が、解放されたことを、今日のお昼のニュースで知りました。とても嬉しかったです。以前もこのような具現化を、北朝鮮の拉致《らち》問題解決に向けて、光を放ち続けている時、数名の方が帰国され、喜びを体験したことを思い出しました。継続して、止まることなく、私達光の子が、二十四時間、光を注ぎ続けなければならないことに気付きました。

私達光の子等の雄叫びが、どんどん光の源、救い主、知抄の光の水辺に届くよう、

救い主　知抄の光

暗黒の地球をお救い下さい――と

〈あるべくしてある、良き方〉へ、お導き頂けるようにお願いしました。

この真摯な、祈りにも似た、自らの魂の光と共に、自らの存亡を掛けての雄叫びの威力のその恩恵を、やっと私なりに、受け止める術《すべ》を体得出来ました。現世御利益《りやく》的な発想では、知抄の光の威力は作動しませんが、どんどん地球全土へ光を放ち、羽ばたきます。

十三日に、サロンで公開された、光の降臨ビデオには、初めから終わりまで、映像に魅入ってしまいました。サロン正面のガラス窓一杯に、降臨されている黄金色に輝く光と、その前に置かれた放映中のビデオに映し出された、黄金色との境目が、無くなって、ゆらゆらと大きく、そして小さく、行き来して、黄金色が一体と成られて在るのでした。
私達が〈**魂の光**〉と共に、救い主、知抄の光を魂に掲げ、

救い主　知抄の光
暗黒の地球をお救い下さい—

と叫ぶと、ビデオの中の光の動きが連動して、実在の知抄の光の方々が、私達の魂の叫びに、呼応《こおう》して下さるのでした。〈**十字の光の吾等**〉の存在をはっきりと〈**証**〉され、ビデオで見ることが出来ました。
昨年二〇一二年　九月　二十三日のアカデミー教室で、スタッフの方が、〈**思考が停止する**〉具体的なお話をされた時、上からま

るで、相槌《あいづち》を打つように、「**そうだ、そうだ**」と、光が呼応して、朱と黄金の光が、ドーン、ドーンと波打って降下され、驚いたことがありました。あの日のビデオ以上の、実在の光の御意思の顕現が、もっと鮮明に、より強くなっておられました。

過去を振り返ると、一九九七年頃、新都市ホールで開催された舞台上の大パネルの光のお写真から、渦を巻いて、光がお出ましになり、終わったら渦巻くように、写真の中にお戻りになるということが、起こっております。何を見ても、〈奇蹟〉は、もはや、当たり前ですが、やはり、一回一回、貴重な学びです。そして、その時に必要なことを、私達は、必ず賜るのでした。

（２０１）サロンに展示されている、写真展の〈**十字の光**〉のポスターの中に、実在する白いお姿を、時折見ることがあります。そういう時は、サッーと、サロン全体の光が強くなります。

これまでは、気付いていても、畏れ多くて言葉に出せませんでしたが、自室に在るポスターも、同じ現象を見ることが出来ます。

これからは、「**ありがとうございます。どうか地球をお救い下さい**」と、素直に、お願い申し上げることが出来ます。

そして、サロンを後に、外に出ると、いつも気付くのですが、金粉が両手に、腕に、細かく、ビッシリと出ていました。

〝金粉に　こだわらないこと〟

前だけ見て　光だけ見て　地球を救い　人類を救う
大地を受け継ぐ者としてあれ

の、知抄の光の言葉《ことは》を魂に刻み、共に光を放ちます。

⑫ 光の地球に同化するには

理論理屈は不用

二〇一三年八月十三日

十一日は、（２０１）サロンのお講座を受講させて頂き、本当にありがとうございました。私にとりましては、初めてサロンに入室させて頂いた、記念すべき日となりました。折しも、〈光の地球〉そのものの炎暑の中で、このような貴重な機会を賜ったことは、生涯忘れ得ぬ体験となりました。

三次元の肉体人間は、頭で理解出来ないことに対して、不安や心配という、〈**幻**〉を生んでしまうというのは、全くその通りでした。その上更に、緊張と恐怖感までが、追加されるありさまです。不遜《ふそん》なことに、サロンに対して、自分で勝手に、〈おどろおどろしい〉イメージを作り上げ、一段と敷居を高くしていたのでした。

もちろん、実在の知抄の光場という、絶対的な神々《こうごう》しさは厳然《げんぜん》としてありますが、今まで私が、妄想《もうそう》していたこととは正反対の、シンプルさの極致《きょくち》とでも言いましょうか、本当に今まで、頭で考えて来たことの、バカバカしさを、瞬時に光の剣《つるぎ》で切って頂いているのが判りました。

私も、〈インテリ馬鹿〉の、末席に連なる者として、刻苦勉励《こっくべんれい》こそが善であるとする、人間智の延長線上で、〈**魂の光輝**〉を捉えていました。そうではなく、座らせて頂くと、自然に笑みがこぼれてしまうような、心地よさに包まれました。私としては、学んだわけでもないのに、意識せずとも二十四時間、毎瞬毎瞬を内在する〈**魂の光**〉を通じて、実在の知抄の光に、真摯《しんし》な気持ちでお願いし、光を放てるようにならねばと思いました。

しかも、それを瞑想中ではなく、日常生活の覚醒した状態で行うことは、肉体人間にとっては、努力の埒外《らちがい》だと認識しておりました。しかし、今度こそ私の既成概念をぶち破り、〈**インテリ馬鹿**〉を返上しないことには、従いて行けないことが判りました。

また、今まで、光の源の大計画Part 1と2の、知抄先生のご本の中で、福島原発や世界各国に光を放つということが、今ひとつ、私の理解を超越《ちょうえつ》していましたが、こういうことだったのかと、実感させて頂きました。

国家や世界の諸問題に対し、三次元の暗黒人間の感情レベルで、

〈ああだ、こうだ〉と、床屋談義《とこやだんぎ》して来たことが、恥ずかしくなりました。

これからは、**〈地球浄化の礎の光〉**として、無口で実践できるように、毎日を肩肘張らずに研鑽して行きたいと思いました。

そして、帰りに駅のホームで共に（２０１）サロンに居た方々にお会いしました。ほとんど今迄面識のない方々なのに、何故か、懐かしく思え、笑顔になれるのでした。そして、その違和感の全くないことに、**〈すばらしき仲間の詩《うた》〉**の意味が理解出来ました。

⑬

光人（ヒカリビト）生誕

光の源の地球を光と化す　大計画の歩みの中で

二〇一三年　八月　十六日

私が、偉大なる知抄の光と出会ったのは、**一九九三年**に海外赴任より帰国した年の秋、渋谷東急ＢＥで開講されていた、智超法気功教室に参加したことがきっかけでした。丁度夏の頃、智超法秘伝・第二巻〈**智超法気功**〉のご本を読了し、お教室に参加したいと思ったのです。

お教室に参加すると、当時直接指導をされていた知抄先生が、

「この教室は、二十一世紀の地球のリーダーを養成しています。

魂の光輝が目的であり、霊能が目的の方や、興味本位のお方は、時間が無駄ですので、お帰り下さい。受講料返金します」と、実に、当時の私では、考えも及ばないお話をされていました。その際、二十一世紀のリーダーとは、なんだろうとの気持ちは持ちつつも、それ以上は考えずにおりました。

それ以来、ひたすら〈**魂の光輝**〉を求め、到底想像できない〈**奇蹟**〉を直接見聞して、ここまで共に、参りました。**一九九五年一月五日**、山口県の秋吉台にある龍護峰で、〈**太陽の奇蹟**〉とも言える目撃は、今でも私の魂に焼きついています。天候を目の前で変えてしまう、知抄先生の威力を、目の当たりに見ることが出来た一人です。

☆（カセットテープ　No.⑧　光人生誕　参聴）

当時、すでに知抄先生の魂の光の威力は、絶大で、教室に於いても、旅先でも、すべての言動を私達は、奇蹟体験としてしか、理解することが出来なかったのです。

当時、お教室で、知抄先生が、大分県の黒須崎海岸に、立った時のビデオを公開されました。共に学ぶ多くの方が、一瞬で〈**魂の光**〉に目醒める、ものすごい〈**真我覚醒**〉の瞬間体験を目撃させて頂きました。カルチャー・スクールの健康スポーツ教室で、一生《いちせい》をかけても体得出来ない、魂の光輝、本当の自分である〈**本性の光**〉を自由に解放して頂けることは、夢のようでもありましたが、真《まさ》に本当のことでした。

一九九五年の夏、ニューヨークの日本クラブギャラリーに於いて、**宇宙からのメッセージ**〈**光の落としもの**〉**写真展**が開催されました。

☆（智超法秘伝第三巻〜七巻　知抄著　たま出版　参照）

宇宙創造主、光の源の、地球を光と化す大計画は、光の第一歩を、ここから踏み出されたのです。

しかし、地球を救い、人類を救う、光の源の大計画は、知抄先生ですら、この時点では、まだ御存知ないことでした。

一九九六年二月一〇日、数ヵ月前からの、実在の知抄の光とのお約束の日、知抄先生は、大分県宇佐市にある、宇佐神宮の奥院、大元神社の禁足の地に、雪の中をものともせず入山されたのです。

極寒の雪の山頂で、やがてこれから地上に降臨される、救い主の御魂《みたま》であるとの告知を、受託されました。午後四時、一面を雪が覆う、奥院の床に座して待つ私達には、思考も止まるほどの凍てつく寒さでした。

そして、告知から五ヵ月後の**一九九六年七月十一日**、救い主、知抄の光は、偉大な光の源、直系の御使者として、〈**十字の光、吾等**〉と共に、知抄先生の魂に降臨されたのです。この日より、知抄先生は、お教室で直接のご指導が出来なくなりました。それは、三次元に居る私達人間と、光との隔たりがあまりにも大きく、近づくことが、人間の私達にとっては、〈**やけど**〉を負うことになるからでした。ちょうど十七年前の八月十七日、岩間ホールで開催されたセミナーを最後に、三次元の人間とは、接触出来なくなって今日に到っています。

救い主、知抄の光は、知抄先生の魂と一体と成られ、地球を救い、人類を救う為に養成された、光の子、光人、実在する〈**十字**

の光、吾等〉と共に、一丸となって、地球全土を光と化す確実な歩みを続けてまいりました。

二〇〇一年四月二十二日。遂に地球は、光と化しました。

☆（知球暦光元年　光の源の大計画　Ｐａｒｔ1　参照）

この日以来、人類の思考が停止し始める現象が、私達に判るまでになりました。

そして、二〇一〇年一〇月一〇日、

地球は、知抄の光で統一され

知球暦　紀元　光元年を迎えました。

光の源の大計画　Ｐａｒｔ2　知球暦光三年　知抄著のご本の一番目のメッセージに

〈この事実を　今　知った皆さんは　光の地球を　受け入れるか　否かではなく　どう対応するかのみです〉とあります。

厳然たる宇宙の掟が作動している今の地球の状況は、秋吉台に知抄先生に同行させて頂いた、一九九五年の雪降る日に、曇天に隠され、どこに在るか判らなかった太陽が、頭上の、遥か上空に、突然現れ出て、輝いた時の、**晴天《せいてん》の霹靂《へきれき》**ともいえる、私の受けた衝撃《しょうげき》に似ていると思います。

その時に、知抄先生は、

「地球の大飛躍に、人間が気付いた時には、知抄の光は、もはや手の届かない、遥か彼方の天空で燦然《さんぜん》と輝く」

と、仰った言葉《ことは》を思い出し、**「正《まさ》に今だ!!」**と思いました。

そして、ここまで、〈**光の子**〉として大切に、実在する知抄の光によって、養成され、智超法秘伝を駆使できるまでになった私達、**光人**〈ヒカリビト〉が、

救い主　知抄の光
暗黒の地球をお救い下さい——と

魂からの雄叫びを、光の源に届くまで、あげ続ける時が来たのです。救い主、知抄の光に全てを委ねなければ、国家も、個人も、例外なく、一歩も前へ進めなくなっているのです。

私達光の子が、〈**光人**〉として、大地を受け継ぐ者としての、地球を救い、人類を救う、大使命遂行の、**時が来たこと**を認識し

ました。二〇年前に、魂の光輝への道標《みちしるべ》、人間を超える〈智超法気功〉教室で、知抄先生から伺った〈二十一世紀のリーダー〉とは、人類を救い、地球を救う、〈光人《ヒカリビト》〉のことであったことが、今明らかとなりました。光の源の地球を光と化す深淵な大計画は、寸分の狂いもない緻密さで、ここまで密やかに、進められて来たのでした。

事の重大さから、私達光の子、光人は、救い主、知抄の光をお守りし、知抄先生も、光の源の大計画のほんの一部を公表されたのみで、実に、慎重に、今日を迎えました。

地球の大飛躍である、地球の光化は、こうして、地上の指揮官、知抄と共に、光の子、光人、光の源からのご使者、〈知抄の光の吾等〉が、救い主、知抄の光と一丸となって、今、〈地球の核〉

そのものとして、光を放ち続けているのです。救い主、知抄の光によって統一された、光の地球は、**真の自由**と、**真の平等**と、**真の平和**をもたらします。喜びと、賛美と、感謝に満ちる、〈**光そのもの**〉、魂の光が顕現した生き様となります。

☆ このＰａｒｔ ３は

知球暦〈光元年〉Ｐａｒｔ １ 及び
知球暦 光三年〈人類の思考が停止する日〉
Ｐａｒｔ ２ と併読されますよう

第三部
新人類の先覚者
光人〈ヒカリビト〉の活躍

〈1〉二〇一二年 四月 一日

地球を光と化す使命遂行の中で瞬間光の地球に同化することが出来る

サロンに座すと、先週までとは全く違い、何か今までとは異なるスケールで、果てしなく拡がる、光の中をどんどん進み、飛んで行きました。そして、光の源の創造界、救い主様がいらっしゃる所と申しますか、私が今、一体となっている、その中の空間に入りました。

そこは、黄金の光が満ち溢れて、万物の創造の威力を感知でき、私も同化され、その威力の具現化へと、使命の喜びが漲《みなぎ》ってくるのです。時々、上の方から透明な深い緑の光が、波打つように次々と、差し込んでくる様子が見えました。穏やかで、美しく、それでいて眩しく、輝く光の領域、救い主、知抄の在られる光の源、創造界でした。

しばらくすると、急に、地球が誕生した時のことが思い起こされました。このようなことが、魂に刻まれていたようで、今、知抄の光によって照らされて、見せて頂いていることが判りました。今迄全く、人間が知らない様々な過去が、宇宙の源の大計画の中で、地球の記憶として、魂に刻まれていたことが判りました。鮮明に現実そのものとなった、それ等の出来事のすべてが、過去ではなく、実在の知抄の光の威力で、この瞬間の〈今〉に結集されて、その力を、良き方向へ、発揮していこうとしていることが判りました。

　やがてまた、視界が開けると、宏大な宇宙の中に、星のような光が見えて来て、無数の粒が集まって出来た、球体が確認出来たので、その中に飛び込みました。そこには、はっきりした姿は見えないのですが、星の一つひとつを守り、その星の核として、宿っている〈聖なる光の方々〉の存在する気配が致しました。そこでは、会議を開いている様子で、そこに集っている光の方々は、地球を光と化す救い主、知抄の光と同じ、地球を光と化す目的を共有する仲間であることが、瞬時に感知出来ました。

　瞑想の後半は、地球圏に戻り、日本を俯瞰《ふかん》しました。まず、日本の中では、特に、**新聞社やテレビ局等のマスコミは、**光とは、全く違うものの通路として、使われていることがはっきりと見て取れました。知抄の光を注ぎ、日本列島全体へ、喜びと、賛美と、感謝に満ちる知抄の光を根付かせ、闇を照らし、光に統一していきますと、日本の中では、最早、この瞬間は、勝手なことは出来ない、人間は、今迄のように三次元の光でない言動は出来なくなることが判りました。

次に、諸外国に、喜びと、賛美と、感謝に満ちる、救い主、知抄の光を注ぎ放ち続けると、国名を挙げるだけで、言葉でなく、その国を認識した瞬間、その国が変わり始め、知抄の光を受け止め、光がどんどん全体を覆い尽くし、黒きものが明るく光になって行く、体験をしました。その中でも、中国とロシアは、威圧感のある強大な抵抗する反発力と、権力への確執を強く出しておりました。北朝鮮よりも、この二ヵ国の背後にある、強圧的な光でない力自体が、これからの地球にとっての、新たな課題のように思えるのでした。

地球丸ごとずっと光を注ぎながら、光の源へすべてを携《たずさ》えて捧げると、本当に日本列島も、地球も、すべて私自身と一体となっており、地球を守り、人類を守る使命を背負っている重みを実感しました。

瞑想している時も、そうでない時も、いつも二十四時間、光の源直系の御使者で在られる、救い主、知抄の光を死守し続け、光の地球にすべての人類が同化できるように、光を注ぎ、光を真摯《しんし》に求め、切望する人々を、〈光へと引き上げて〉行く、その瞬間、私も光の地球に同化しているのでした。

〈２〉二〇一二年　四月　三十日

四月　二十九日のセミナーを終えて

天・地・人　全てが光の源の意図へ

はじめの瞑想で、光の源に向かって進んで行くと、光の海のかなたに、黄金の光の島が、海の中から現れて来るのが見えました。やがて、地球は、宇宙のある一点に吸い込まれるように、宇宙の中の空間に入って行きました。そこは、人間が全く知らない、宇宙の中に見えない形で拡がる、光の世界でした。その中で、地球は初め、漂《ただよ》うように廻《めぐ》っていました。よく見ると、レコードの上を滑るかのように、しっかりと軌道《きどう》を描きながら、正確に、動いているのでした。その中心は、黄金に光り輝く、眩しい球体でした。その黄金の球体は、〈**十字の光**〉が幾重にも重なっていて、光の地球は、救い主、知抄の光を核として、軌道を描いていることが、鮮明に判るまでになっておりました。

瞑想が終了してから、国内では、硫黄島が少し隆起しているというニュースを伺い、先ほどサロンで、海から島が現れた様子を見たことを思い起こしておりました。今私達がこうした未知なる世界を見せて頂いていることは、場所を特定することは出来ませんが、いずれ地上で現実に、このような現象が起こる前触れのビジョンと思いました。

二回目の瞑想の時には、魂から、無数の黄金の光の粒子のような〈**妖精**〉が、飛び発《た》って行くのがはっきりと判りました。今も、魂に意識を置くと、その感覚が鮮明にあります。そして、その〈**妖精達**〉が、光を受け止めようと、地上で求めている多くの〈魂の光〉に作用するように、大切なお働きをしていることが判りました
次に、宇宙空間の中で、何かが大爆発する様子が見えました。その爆発自体が眩しい光の華のように、黄金とグリーンの光で花が開くように、放射線状に、宇宙空間で大きく輝きを放っているのです。すると、それを機に宇宙全体が大きく動き始めました。宇宙自体が次元の違う空間と空間が押し合い、せめぎ合うように、幾つも隣り合っていて、それが一斉に歯車が動き出して、お互いの空間を巻き込むように、それでいて正確に動き始めたのです。その全宇宙が大きく動き出す、音にならない振動が、魂の中で響

いておりました。

地球人類が考えも及ばない、途轍《とてつ》もないことが今、天、地、人すべてを巻き込んで、作動し始めている事実を認識出来ました。

この地球は、人間も、三次元の今の姿のままで、存続できるのか……。もしかすると、今とは全く違う、光と化した地球の新しい姿に変わって、存在していくのではないか、とも思えるのでした。宇宙規模のこの動きは、**二〇一二年四月二十九日**のセミナーを越えて、益々加速していくように感じられました。

止まることなく、知抄の光を魂に掲げ、知抄の光を死守して、知抄の光と共に歩みます。

〈3〉 二〇一二年 十月 六日

大地を受け継ぐ使命遂行者　講座開催

自力救済の時　来《き》たり

〈大地を受け継ぐ者〉としての、今日の講座では、誰が、ではなく、一人ひとりが、ここまで共に学んで来た仲間として、**十月八日、十日**に向けて、光の旅路を一歩前へ進めるよう、気の抜けない大切な時であることを自覚しました。光の子各人が、意識をもっと高め、教えて頂いたことを身に修め、体得したことを実践し、〈**光人**〉に成り、救い主、知抄の光と一体になることでした。

光の子は、地球を救い、人類を救うという、〈大地を受け継ぐ者としての使命遂行〉に対する、確信と、決断を、とにかく、揺るぎもないものにするには、実行、実践して、光へ行きつ、戻りつしながら、**〈光そのもの〉**になる体験を繰り返し、やり続けるしかないのでした。

十月八日、十日を目前に控えた今、光の源直系の御使者、救い主、知抄の光の地球存亡、人類存亡をかけて、御降臨された光の源の御意思を思うと、毎瞬、今地球が刻んでいる、**〈今というこの一瞬〉**を、光と共に在らねばと思うのです。参加した全員が、自分一人でも必ず、〈光そのもの〉であり続ける決意、そして、使命をやり遂げるという強い決断が出来るまで、実在する知抄の光の帳の中で、智超法秘伝を実践し続けました。

各人各様の個性がありますが、日頃のすべての言動が、実践していないと、弱さとなって、光の地球に同化出来ないことが、誰にでも判るまでになっているのです。外から見ては〈**光そのもの**〉として美しく輝いていても、使命を遂行するには、その本質に疑問点があり、芯《しん》のない感じが一瞬伝わってきて驚かされました。何人も光の前では、明白に、本性が曝《さら》け出されることを、初めて体験しました。

その後、サロン・ド・ルミエールで知抄先生のご指導の内容をスタッフから伺いました。この時、瞑想中の私の感覚が、〈**光の目**〉で見ていたことが判り、ここまで正確に見定めることが出来るまでに、引き上げて頂いて来た、光の旅路を振り返り、知抄の光から賜った深い愛が、その時に応じて魂に蘇《よみがえ》り、打ち震える感謝の中に居ました。

ここまでのご指導をして頂けるのも、今日がもう最後なのだと、魂の光と共に、自らが自らの存亡をかけて、〈**自力救済**〉をしなければならない時を迎えたことを、鮮明に感じ取れました。

瞬間の今、魂に救い主、知抄の光の御意思をインスピレーションで受け止め、次なる使命を魂に刻みながら、言葉では表現できない、**光の源の創造の領域**に、いつも居ることを体現して参ります。

〈4〉二〇一二年 十月 二十八日

朱と黄金の知抄の光
アカデミー教室へ降下

今日、第四（日曜日）のアカデミー講座で、智超法秘伝の光呼吸をしようと、知抄の光へ全てを委ね、光を求める確信と決断をしました。その途端、目の前に降下されている、朱と黄金の実在の光が、地球全土へ浸透し、根底から地球を統一していくのが判りました。

〈魂の光〉を、真摯《しんし》に求める者には、精神へ五感へ、細胞の一つひとつに、救い主知抄の光が深く深く浸み渡り、自由に解放され、その喜びの羽ばたきが、拡がって行くのでした。光の子が、救い主、知抄の光と一体となり、〈光人〉として光を放つと、無限に、地の底までも、光で統一されて行くのでした。**〈大地を受け継ぐ者〉**として、救い主、知抄の光によって、光の源の御意思を顕現する、この使命を遂行する度に、全身が感動で打ち震え、感謝と喜びの中にありました。それは、光の子が、即、〈光人〉に変身し、〈個や我〉の人間の意識を超越《ちょうえつ》した、人間本来の**〈光そのもの〉**に、変容しているからでした。

地球人類を代表して、光の源へ、感謝を、そしてこの喜びを、捧げる以外無いのでした。

アカデミーのお教室は、開始前より、朱と黄金の帳になっています。本当に、この朱と黄金の、実在の知抄の光の威力を、地球全土へと、光を求めている人々へ、瞬間で降ろし、注ぎます。それは、瞬間、私の細胞一つひとつを構成している、**遺伝子を通して**、地上人類へ伝達し、瞬時に地球を、知抄の光で満たし、光へと引き上げ、光で統一することを繰り返し、光のリズムでしているのです。

次の、幸せを呼ぶ〈**数え宇多**《かずうた》〉の時には、うたう皆さんのその声が大合唱となって、大いなる、偉大な愛の光を伴って、中国の反日感情の荒ぶる勢力に、瞬間光を注ぐと、穏やかに平定するのでした。うたえば、うたう程、破壊的《はかい》想念の、地上に蔓延《はびこ》る大闇の勢力は、少しずつ、後ずさりして遠のくことが、鮮明に見て取れた瞬間がありました。人間が、〈**光そのもの**〉になれる、智超法秘伝、幸せを呼ぶ数え宇多は、誰でも気軽に口ずさむことが出来ます。その凄《すご》い威力は、計り知れない深いものと思われます。

教室の後、サロンで入静しておりますと、ずっとずっと遥《はる》か昔、人類の生誕、そして地球創成の頃、この三次元の地上界に、〈**光ではない種**〉が、蒔かれた瞬間を見ることが、出来ました。今、地上で対立している各国の内患、外患の争いの元は、各人が今、直面している光へ向かうことを阻害する、地球で起こる障害の全てが、その時蒔かれた光でないものから始まっていることを、鮮明に見ることが出来ました。

光と化した地球での人類は、好むと好まざるとに係わらず、今、各人の光への障害となるこの原因を、どう捨て去るか、知抄の光に捧げて、取り除いて頂くかが、問われているのでした。

光と化した地球、目の前に今降下されている〈**知抄の光の吾**

等〉の救いの光を、全人類が今、偶然でなく、人類の生誕という出発した時から既に決められ、自らがこの日を、この時を、この時代を選んで、今日を、〈今〉を迎えていることを自覚しなければならない時が来たのでした。

光の源
　直系の御使者
偉大なる　燦然《さんぜん》と輝く
　眩《まばゆ》い　救い主　知抄の光
準備　整いし者より

光へと引き上げ　共に行かん

実在する知抄の光からの言葉《ことは》を思い起こし、共に光の源目指し歩みます。

☆このＰａｒｔ ３は
知球暦〈光元年〉Ｐａｒｔ １ 及び
知球暦　光三年〈人類の思考が停止する日〉
Ｐａｒｔ ２　と併読されますよう

〈5〉二〇一二年 十一月 十六日

祝 光の源の大計画 Part 2

知球暦 光三年 発刊

この度は、新しいPart 2のご本を、発売前に賜り、本当にありがとうございます。

光の源の大計画 Part 2〈知球暦 光三年〉人類の思考が停止する日、発刊おめでとうございます。人類を代表して、感謝申し上げます。

このご本の中扉をめくると、大写しの光のお写真に引き込まれました。十数年前、救い主降臨の一九九六年頃に、落日の瞑想時に、すごいお写真が一連撮れたことを、当時伺っておりました。過去に数回開催された、光の写真展でも未公開でした。今回初めて見せて頂けたこのお写真は、あの時の一連のお写真でしょうか。

こうして、宇宙創造主の一員で在られる、救い主、知抄の光のその御柱《みはしら》で在られるお姿なのでしょうか？　三次元の人間側から見上げれば、神々様とお呼びしてよろしいのでしょうか……。多くの尊いお姿が、光のお写真に降りられていることが、見て取れますこと、畏れ多く平伏《ひれふ》す思いです。

このような貴重なお写真の公開、そして、この光の実在するお写真の意図するもの、地球の大気圏と申しますか、三次元の人間界に、現実に〈**十字の光**〉を御印《みしるし》として、存在を顕かにされている〈**知抄の光の吾等**〉が、集結しておられる事実を、証されたようにも思いました。

地球が、これより大きな試練を、宝として越えて行かねばならない時だからこそ、光の源目指し、知抄の光と共に、前だけ見て、すべて光に委ねる自覚を、人間に問われているようにも思えます。

地球人類が、有史以来、体験したことの無い、未知なる光の地球に同化するには、無知故の戸惑いや恐怖感、不安感、緊張感の無いように、このご本を読むことで、自然に光へと誘《いざな》われて行くことを寿《ことほ》ぎ、嬉しく思います。

一連のお写真を見ると、三次元の暗黒の人間が住む地球に、光の源、直系の御使者として、実在の光が降りられ、光の道を指し示されているこの事実。三次元の肉体人間が、全く想像もできない光の源に在られる、救い主、知抄の光の領域に、知抄先生が、逆《さか》矛《ほこ》を手に、実在する知抄の光と共に立たれているお姿。

この光と化した地球に、今迄通り、三次元の人間が、住まわせて頂けるか否かを、人類に突き付けた、一連のお写真には、もはや、言葉すらもございませんでした。

目の前の〈今〉というこの一瞬、光を選ぶか、三次元の人間のままで朽《く》ち果《は》てるか、自由意思による選択を、すべての地上人類が、問われていることが、判りました。

遂に時来《き》たり‼

本当に現実に、光と化している地球は、光の源の実在する知抄の光によって、地球の核より統一されています。知抄の光の地球そのものになっている今、次元の異なる低我の人間が、新しい地球に住むには、人間側で光に如何に同化して行くか、各人が、瀬戸際に立っていることが、はっきりと見て取れます。

このＰａｒｔ２を、真っ新な白紙の心で、読了《どくりょう》させて頂いた時、私の両手は真っ白で、金粉が両手の平に出ておりました。これから毎日、少しずつ読み、実行実践し続けます。

読むことで、人間進化へと、導かれるこのご本は、

〝本にして　本に非ず〟

生きた知抄の光の実在によって、人類に与えられた、光の地球を生きる、生命《いのち》の糧《かて》となるご本です。ありがとうございます。

〈6〉二〇一二年 十一月 十九日

大地を受け継ぐ者として 光の子に〈十字の光〉が……

日曜日の神宮サマディ教室とサロン入室、本当にありがとうございました。（２０１）サロンでは、宇宙の中の澄みきったブルーの中に、地球を救う吾等が決意のメッセージと共に、知抄先生目指して、地上に降下された、〈**十字の光**〉知抄の光の吾等が、ものすごい輝きで見えておりました。

ここに今、共に在る光の子、光人等、〈**大地を受け継ぐ者**〉として、使命遂行する魂には、その眩《まばゆ》い〈**十字の光**〉が、一体となって輝いているのでした。深い透明な表現し難い紺碧《こんぺき》の空のように、無限に続く宇宙の拡がりの中で、〈光の子〉一人ひとりの魂に、光り輝く十字の光が、知抄の光の御印《みしるし》と申しましょうか、光の源からは、一瞬で、この目印《めじるし》が見つけられるのでした。

その後、視界を転じますと、地球全土が朱と黄金の光で包まれ、大気圏は、すべて朱の光の中にありました。かつて地球に、隕石《いんせき》が落ちて、大地が炎に包まれたことがありましたが、炎でなく、透明感のある朱の光で包まれ、知抄の光が、すべての闇をあぶり出し、黒き地上の闇を一掃して、光に変えているのでした。

イスラエルも、中国も、真の姿が、すべて顕《あきら》かになって来ていて、朱と黄金の光の中で、抵抗すればする程、光でない方へと連れて行かれています。光であぶり出された、黒きものの抵抗が大きい程、武力の行使が起こり得ることもあり、一般の人々も、光でない方へと巻き込まれるような感じもあります。

救い主　知抄の光
暗黒の地球をお救い下さい—

の、雄叫《おたけ》びを、決して、怠《おこた》ってはならないと思いました。

地上で、覇権《はけん》を競《きそ》う、狭間《はざま》で起こる瞬間の確執《かくしつ》を、何としても、光を注ぎ続けることで、食い止めなければならないことを強く感じます。地球の光が増し、その威力が強くなればなる程、光でない、〈**闇の勢力**〉の抵抗が、激化する一方で、瞬間、小動物のような姿に変わって、一目散に宇宙へと、地球から逃げ去って行く姿が、見えるまでになって来ています。

今まで地球を支配して来た、巨大な光でない勢力の背後にあるもの達は、光の源の生命《いのち》の光である、救い主、知抄の光が地上に降りられている今、地球が黄金の光で埋《う》め尽《つ》くされた時、存在し続けることは、もはや出来ないことが明白でした。

国家も、個人も、救い主、知抄の光の威力の前に頭を下げ、自らの存亡をかけて、天を仰ぎ地に伏し、歓喜《かんき》の涙を流し、救いを求める日も近いと思いました。それ故に災いを光に変えて、新しい地球を構築して行く、光の子の使命遂行に、止《とど》まることがあってはならないことも、自明のこととして受け止めました。このことは、二〇一二年の十二月二十四日に、現実化されることで、光の源の、地球を光と化す大計画の次なる目標が、鮮明に、人類に、お示し頂けることと思いました。

二〇一二年　十二月　二十四日、

いよいよ、この日から、知抄の光によって、光の子、光人が、新しい光の地球を形作って行く、本当の使命遂行の本番が、始まっていくことになるからです。今よりさらに光が増し、真っ新《まっさら》で何もない地球に、緑が芽吹き、生命《いのち》が、再び、新たに花開くように、全く新しい光の地球に同化しながら、共存して行くことを、実感として賜りました。

誰も知らない、未知なる光の地球へ、人類にとって初めての、救い主、知抄の光で統一された光の領域へと、足を踏み入れて行く時を迎えたのです。理論も理屈も通用しない、三次元の肉体からの脱出を、自らの意思で、決断し、実行しなければならない時を、迎えたのです。

人間には、潜在能力と申しましょうか、〈**火事場の馬鹿力**〉という、未使用の力があります。瞬間瞬間一呼吸ごとに、すべてを投げ出し、喜びと賛美と感謝で、知抄の光に委ね、〈**光そのもの**〉であり続けることで、光の地球に共存できるのです。

それは、人間にとっては、未知なる能力の開花であり、人間進化の歩みとなるのです。

〈7〉二〇一二年 十一月 二十三日
地球浄化の礎の光セミナー 開催
地球を救う 使命遂行の覚悟

二〇一二年 十一月 二十三日、〈地球浄化の礎の光〉セミナーの開催、本当にありがとうございました。とてつもない、本当に、かつて地球人類誰一人として、見たことも、体感したこともない、有史以来あり得ない、実在の知抄の光を、人間が、ビデオでそのままを、肉眼で見ることが出来ました。本当にありがとうございます。

三次元の肉体の目で、現実に、知抄の光の威力を、認識することができる映像が、この目の前に在ることが、奇蹟そのものでした。色彩豊かに映し出される、光に同化している人間の姿は、人智で想像すらできない、全く、考えられない衝撃《しょうげき》でした。セミナーの内容も、様子も、救い主、知抄の光からの叡智が顕現され、人間では考えられない、共に歩んできた私達の、人間進化への足蹟がよく判りました。光の子にとっては、すべてが衝撃と言う以外、表現できない、すごい内容のセミナーでした。本当に、三次元の人間が、共に見ることなど許されない、高邁《こうまい》な内容でした。今日、二〇一二年 十一月 二十三日に、光の子・光人に見せて頂けた、この深い意図を汲み取ることができました。感謝以外、言葉がありません。

三日前の十一月二十日に、〈**光の源の大計画Ｐａｒｔ ２ 知球**

暦　光三年　人類の思考が停止する日〉が発売され、地球全体が丸ごと刻々と、新しい段階に入っていることを感じておりました。今日、セミナーが始まる前に、サロン・ド・ルミエールで入静しました。

今こそ、人類は
三次元の肉体と　決別する
それは　今日である

と、細胞一つひとつを通して、瞬間気付かされました。細胞一つひとつが光に変わると、私と波動を同じくする、地球に住まう魂の一つひとつが、人間の肉体や、人間の持つ感情の、諸々を切り離し、身心が浄化され、軽くなっていくのが判りました。

それは、ロケットが宇宙空間で、時間が来ると、機体の一部を切り離すように、今まで背負い、執着《しゅうちゃく》して来たものを、各人が切り離し始めたことが、それもすごい多人数で、一斉に始まったことを感じました。人間が今後どうなって行くのか、形が有るのか、無くなるのか、知抄の光の創造界は、未知の領域であり、私達光の子・光人すら、予想すらできない遥《はる》かなる光の旅路を、憧憬《どうけい》に似た想いで委《ゆだ》ね、

救い主　知抄の光

暗黒の地球をお救い下さい――　と

雄叫びを上げるだけでした。

セミナーが終わってから、サロン・ド・ルミエールに再び座した時、宇宙の果てからすべてが茜色《あかねいろ》になり、夜明けを迎えている様子が判りました。そして、そこから黄金の光の海が、津波のようにもの凄いスピードで、宇宙の果てから果てまでを、覆い尽くしていきました。

光に気付いた地球人類も、一人ひとり、その光の河の中で、流されないように、知抄の光を死守しました。

救い主　知抄の光
暗黒の地球をお救い下さい――と

光の源目指し、光に向かって、流れの中を、一歩一歩、その光が増す中を、

燦然と輝く
知抄の光に導かれ
前だけ見て　光だけ見て

〈**魂の光**〉と共に、その奥へ奥へと、**知抄の光**、**知抄の光**——と、叫びながら、進みました。すると、いつの間にか、魂が今迄体験したことのない、解放感の中に在りました。まるで宇宙を浮遊しているかのように、**ふわり**、**ふわり**と、光の満ち溢《あふ》れる中を、スーイ、スーイと飛んでおりました。気付くと、光の源の、光の渓谷《けいこく》

らしき景色の中に在りました。

地球を救う実在であられる、〈**知抄の光の吾等**〉と称されている光の方々が、黄金に包まれた、救い主、知抄の光のお姿と共に、天空に在られるお側に、私も共に在りました。喜びと賛美と感謝に満ちた深い安らぎの中で、これからは、私の魂の光は、いつもこの光の源に在る、知抄の光の創造界に、共に居なければならないことが判りました。人間でありながら、常に軸足《じくあし》が、魂の古里《ふるさと》である、光の源に置かれている状態が、今からの私達〈**光の子**〉の、生き様であることが鮮明になりました。

そして、数億劫年前、光の源で、共に誓いを立てて旅立った時の、地球浄化の礎として、与えられた使命に感動し、喜び勇んで、自ら地球を救い、人類を救う使命を望んだ、その瞬間の、身震いするような喜びが、感動となって、今新たに、現実として蘇《よみがえ》って来たのでした。しかし、魂は、とっくにこんなことは知っているので、何一つ動揺はありませんでした。遂に、地球を救う、光の子としての使命遂行の本番を迎え、更に、地球自体が、光と化して、さっきまでの状況ではないことが、現実として、目の前に突き付けられたのでした。

ここから先、本当に私達人間は、今迄の知識も、既成概念も、名誉も地位も学歴さえも、光の地球に同化する為には、かえって障害となってしまうことが判りました。真っ新《まさら》な白紙の心で、知抄の光に委ねての、私達の歩みが、自らの存亡をかけて、今から始まったことを覚悟致しました。

〈8〉　二〇一二年　十一月　二十四日

知抄の〈実在の光の吾等〉と共に
各国に光を注ぐ

今日は、サロン・ド・ルミエールで、各国に光を注ぎました。中国は、光を注ぐと、国の全土が、大きな底なしのクレーターのように大きな穴が開いて、地上から、土地が無くなって行くのが見えました。このままでは、全てが、地の底へと引き込まれそうで、真摯に光を求めないと、国家も個人も大変な時を迎えていることが判りました。〈**大地を受け継ぐ者としての使命**〉を怠ることなく、光を注ぎ、光の方へ向かうよう、声高らかに

救い主　知抄の光
暗黒の地球をお救い下さい――と

叫ぶと、光に気付き、目覚めた少数の魂が、知抄の光に同化しようと真摯に求め始めたので、一瞬で光へと引き上げることが出来ました。これからも継続して、光を注ぎ続けます。

北朝鮮は、氷で閉ざされ、しっかりと閉じ込められた、凍《い》てついた寓話《ぐうわ》の世界のように見うけられます。しばらく光を注ぐと、急に、暖かい風が流れ込んで、国中を満たし、どんどん光を受けとめる手応《てごた》えがありました。光を注げば、少しずつですが、光に同化して行く者達が居ることが判りました。

イスラエルは、人類が背負う争いの根っこの、負の一番の元が根をどっしりと、蔓延《はびこ》らせてあります。人類のすべての背後にあるその元の闇に、どんどん光を注ぎ浴びせ続けました。

次にアフリカ全土へ光を注いだ時には、そこの大陸全体から光の玉に似たものが、一斉に上空へと上がっていく様子が、ずっと見えていました。

アメリカ合衆国は、その大陸全体が浸水していました。その水嵩《みずかさ》は、まだ浅く、水も澄んでいて、誰も浸水し始めていることに気付くこともなく、今まで通りに生活しているのでした。

よおく見ていると、水は、アメリカ全土を覆《おお》いつくし、これからすべてが水没して行くのでした。光を浴びせ、救い主、知抄の光を知らしめ、光を求める者に、光を根付かせ、光へ引き上げら

れた者達と共に、

救い主　知抄の光

暗黒の地球をお救い下さい―　と

光の源へ届くように、共に叫びました。

環太平洋に光を注いだ時は、パプアニューギニアが、まるで、天界の風景で見た、高い山並みが連《つら》なり重なって、浮かんでいました。この一帯は、いずれ連なって、高い山脈が創られているような気配がしました。そして、太平洋の真中辺りには、今、エネルギーの塊《かたまり》のもの凄い存在感が、海底で、少しずつですが、作動し始めている気配が判りました。

昨日、今日とご指導頂いた中で、私達光の子・光人が無意識、無自覚に一瞬でも、知抄の光から目を逸《そ》らして油断していると、三次元の肉体人間に戻り、思考や感情の中に埋没《まいぼつ》してしまうのでした。瞬間の人間の弱さに、次々と蔓延《はびこ》って来る思考の闇が、その隙《すき》を突いて、〈**感情生命体**〉を増幅させ、即、光でない方へと連れて行かれることが判ってきました。

自らが、光の地球で溺れないよう、自らが自らを救う、確固たる〈**自力救済**〉の確立が、必要であることを痛感しました。特に、子供等は、純粋で無防備故に、大人が〈**光そのもの**〉になって、守って行かねば、光でない方へと、連れて行かれることを思い知りました。

昨日までと全く違う、絶対世界の、厳然《げんぜん》たる光と化した地球へと、新たなる進化へ、突入していることを体得させて頂きました。

前だけ見て

光だけ見て　前進致します

☆このＰａｒｔ３は

知球暦〈光元年〉Ｐａｒｔ１　及び

知球暦　光三年〈人類の思考が停止する日〉

Ｐａｒｔ２　と併読されますよう

〈9〉二〇一二年 十二月 二日

智超法秘伝の術《すべ》を駆使《くし》し 地球全土へ光を放つ

昨日の（２０１）サロン第一土曜講座、本当にありがとうございました。光の子全員が、毎瞬毎瞬、〈**光である**〉地球の礎の光として、智超法秘伝の術《すべ》を、自らの自由意思で実践し、光のみ見て、光の源目指し、光の道を前へ進めるよう、足並みが揃いました。

瞬間瞬間、実在する知抄の光の御意思を、閃《ひらめ》きで受けとめ、全智全能なる知抄の光の威力を引き出し、地球を救う礎の光となり、使命遂行できるよう、地球全土へ光を放ち続けました。

そして、最新のアカデミー（日）講座で撮影された、朱と黄金の中に同化して、私達の姿が消えている、ビデオも、見せて頂きました。有史以来、地球上、どこを探してもあり得ない、人間智の範疇《はんちゅう》では考えも及ばない、もの凄いビデオの内容に、驚き、全員言葉がありませんでした。

十月十日以降、実在である知抄の光は、ビデオの中に映像として、人間の目で見えるまでになっております。救い主、知抄の実在の意識ある光は、教室全体を包み込み、降下されていますが、地球もこれと同じに瞬間で変わり、知抄の光の威力によって、同時進行していることが判りました。

講座後のサロンでは、本当に、光の源の御前に、光の子が**へ光**

人〉になって、打ち揃い、座していました。

一人ひとり、個性も光の旅路も異なりますが、全員が、各々の地上での使命を頂き、ここに今共に存在することが、深い意味を持っているのでした。例えるなら、一から十までの階梯を、地球を光と化す、各人各様、〈**大地を受け継ぐ**〉使命遂行者として部位を担《にな》い在るのでした。そこには、

真の自由と

真の平等と

真の平和を

実現する、〈**大地を受け継ぐ者**〉として、〈**光の英知**《えいち》〉で結ばれた素晴らしき仲間、光の子等の本当の〈**知の顕現**〉でした。個性ある人間が、一人ひとりこうして、人類を代表し、知抄の光のご前に在るということが、どれほど、光の源の大計画が緻密《ちみつ》、且つ、完璧《かんぺき》かを、垣間見ることができました。そして、誰一人として偉い人はいなくて、上下の支配もなく、光の子が担う、使命の重みは、同じであることがよく判りました。

こうして、サロンで入静する度に、本当に、人間が、如何に完全でないところを、光の威力によって補《おぎな》い、如何に〈**光そのもの**〉として、絶対世界に引き上げ、瞬間を使って頂いているか……。そして、知抄先生と一体となられている、光の源の地球創成の一員で在られる、偉大な救い主、知抄の光が、今こうして、身近に降臨され、私達光の子を、見守られている気配を、ひしひしと感じるのでした。

実在する全智全能なる、救い主、知抄の光から、直にご指導を賜《たまわ》り、こうして私達使命を担う光の子が、光人として、地上へ光を注ぎ、照らし、放つことで、地球が光と化し、光が増して行くのです。このようなあり得ない事実が、日常のこととして証《あかし》される度に、光の源の人類への大いなる愛を、素直な幼子の心になって、喜びと、賛美と、感謝で、お受けさせて頂くだけでした。

〈10〉 二〇一二年 十二月 二十三日

光の地球　大飛躍に備えて

その前夜　八時四十一分

サロン・ド・ルミエールで入静していますと、黄金の光の中から、今まで見たこともない、雪山の頂上が浮かび上がってきました。高く、高く、聳《そび》えていて、その頂上付近に私は飛んで行って、間近でずっと見ているのでした。

そこからは、地球全体が見渡せるのです。大気はピンクとブルーがかって、少し煙って見えました。世界中が雪か氷で閉ざされている感じが致しました。すごく静かで、地球には、一人として誰も居なくなってしまったかのような、すべてが、0《ゼロ》から始まるようでした。それでいて、その寂静《じゃくせい》の中に、眠っている多くの魂が、息づいていることが判りました。

救い主　知抄の光
暗黒の地球をお救い下さい―

と、雄叫びをあげて、眠っている魂に私が呼びかけると、その波動に一つひとつが反応し、目覚め、蘇ってくるのが鮮明に見て取れました。

次に、見渡す限りの広大な土地が見えました。発掘調査中の遺蹟のように、茶色い大地を区画で仕切り、整備していました。それは、昔の土地ではなくて、新たな大地を造っている感じが致しました。その間も目の前に、全地球が、繰り返し、繰り返し、浮かび上がってくるのです。

すでに、地球は、すごい朱と黄金の光に包まれていました。どんどん降下して、地上に近付く程、朱の色は、濃くなって、暗い朱の色に染まっておりました。上空に行く程、色が薄まり、黄金になり、だんだん眩《まぶ》しく、眩しすぎて色さえ判らない程透明な、至純至高に変わって行くのでした。三次元の地上界の朱の色は、紅蓮《ぐれん》の炎に包まれているようでした。救い主、知抄の光で統一された地球は、何もかも、

二〇一二年 十二月 二十四日 より、

地上が創りかえられ、新たに創造され、光の源の御意思、地球の礎である救い主、知抄の光で構築され続けておりました。

新たな光の地球は、〈**魂の光**〉と共に、救い主、知抄の光を切望し、熱望し、求めた者だけが、朱の色のその中から浮かび上がって、〈**光へと**〉引き上げられるのでした。そして、一瞬でしたが、天界の山の斜面を、羊の群れが一列になって、山の頂《いただき》を目指して、登って行く様子が、浮かび上がりました。この羊の群れは、〈**魂の光**〉に目覚めた地球人類の、今の在り様を反映しているように見えました。

地球全土が、各国の境界すらも見分けられない程、黄金の知抄の光の中に飲み込まれ、その中で、支配の仕方、考え方が光の源の御意思と異なる者達の、最後の闇による反発、確執等による、大混乱が地上の今の有り様《よう》でした。光の子、光人が〈大地を受け継ぐ者として〉の使命を遂行し、瞬間瞬間、知抄の光を死守し、地上のこれ等、〈**黒きもの**〉へ、光を注ぎ、光を浴びせ、光を根付かせ、光の地球を知らしめ、導かなければ、人類全体が、混迷の中から、光へと浮かび上がって来られないことを実感しました。

瞬間の〈**今**〉を、知抄の光と共に、光の地球を具現化し、構築して行く私達光の子、光人、知抄、〈**実在する光の吾等**〉一丸となって、地球人類を救う、その時が始まったことが明確となりました。

そして、地球の海底で、プレートが動き、右側と左側に地面がずれて動いて行く、その境目が、目の前で浮かび上がり、鮮明すぎる程に、まるで浅瀬で見ているように、はっきりと見える場所で見せて頂きました。

二十四日のセミナーを目前にして、光の子一人ひとりが〈光《ヒカリ》人《ビト》〉として、知抄の光の威力を駆使《くし》し、妖精《ようせい》と共に、地上に光を注ぎ、浴びせ、光の源の御意思を毎瞬、具現化する、光の地球の構築が始まったのです。

救い主　知抄の光

暗黒の地球をお救い下さい—

喜びと　賛美と　感謝を捧げます

と、救い主、知抄の光の威力を賜り、地球全土へ雄叫びをあげ、眠れる魂に呼びかけると、深い眠りから目覚め、多くの魂の光が蘇ることが、今まで以上に、身近で明白となりました。

今日のサロン・ド・ルミエールは、眩しくて、眩しくて、明日の二十四日に向けて、実在の光の方々が勢揃いされておられました。三次元の〈**個や我を超えた**〉、宇宙の原理が作動する絶対界へ、地球がいよいよ入ることが判りました。

ここまで共に来られた使命の重さを顧《かえり》みれば、知抄の光へ、万感の感謝の思いも深まり、涙がこぼれます。救い主、知抄の光と共に歩み続けます。

〈11〉 二〇一二年 十二月 二十四日

新人類の生誕セミナー開催

光生命体の誕生

本日のセミナー、誠にありがとうございました。

今日は、朝からずーっと、何もかもが地球全土が、救い主、知抄の光で統一されれ、光がより増し、すべてが包み込まれて変わっていることを、全細胞で感じておりました。

サロン・ド・ルミエールに座しますと、全身、そして顔も鼻筋辺りからすべて、黄金の柱と一体となっているような感じがするのでした。天空の雲が割れて、その雲間から、黄金の救い主、知抄の光のお姿が現れ、雲の割れ目に立たれ、地上を見下ろしていらっしゃいました。左右に割れた雲間から、黄金の光が滝となって、ものすごい勢いで、地上に注がれ、流れ込んできました。流れ込む、黄金の光は、水しぶきのように、光の粒子を、舞い上げながら落ちて来て、見る見るうちに、地球全土へと、幾重にも、厚く、光で包み込んで行くのでした。

その黄金の光の層が、どんどん厚くなり、地上を見下ろされていた、シルエットのような、知抄の光のお姿が、地球を覆った黄金の光の帳へと進み出て来られました。その後は、黄金の光と、救い主、知抄の光と、私の細胞一つひとつ、すべてが一つとなり〈**光人**〉として在りました。

岩間ホールで開催された、セミナー会場は、開始前からどんどん波動が微細に高まり、私の細胞一つひとつから、光が溢れ出して行くように感じておりました。

私の出番があり、有意識では、皆さんに向かってお話をしているのですが、魂では、大陸の中国辺りに在るように感じました。そこに朱と黄金の光が注がれ、覆い尽くされると、すべて知抄の光で平定して行く様子を、私の魂が映し出し、光人としての、新しい歩みを、見ておりました。

どんどん光を放ち、浴びせ、注ぐと、光が増して、舞台でお話している私も、後半は、光を求めてやって来た、顕幽両界の無数の魂に、知抄の光を魂に掲げて〈**光そのもの**〉になる手本を示し、その魂の一つひとつに、〈**知抄の光**〉を根付かせるべく、光を注ぎ、浴びせ続けました。

プログラムが進み、肉体マントを光のマントに変える**智超法秘伝、幸せを呼ぶ〈数え宇多〉**の時は、楽しく、会場に在る者すべてが、**〈光そのもの〉**になって、喜びに溢れました。そして、黄金の光の渦が、竜巻のように地球全土をすべてぐるぐると覆い、光の源への光の道を、救い主、知抄の光に導かれて、光の河を渡って、進んでいるのが鮮明に判りました。

セミナーの後半になりますと、更に、地球全土から無数の魂が、**「何だ、何だ？」**と、興味を持って集まって来て、セミナーの内容に聞き入っているのでした。私達光の子、そして、光人は、すべての魂に向かって、光生命体として自ら輝くことで、救い主、知抄の光の威力を示し、顕幽両界の魂を、光へと引き上げながら光の源目指して、どんどん進みました。

プログラムが終わる頃、

救い主　知抄の光

暗黒の地球をお救い下さい―

の雄叫びの時には、もう理屈抜きで、地球の要《かなめ》である地軸に、黄金の光の柱が通るようになり、地底から地球の核より、黒き地上に蔓延《はびこ》る闇を、有無を言わさず、すべて光へと統一していったのでした。それは、舞台上に居るという感覚ではなく、天空遥《はる》か彼方《かなた》の光の源からの俯瞰《ふかん》でした。

セミナーを終了して、帰りに見上げた星空は、新たに光の世界が生誕したばかりの、新人類の営みと重なって、私の身心は、宙に浮かび上がっている、感じがずっとしておりました。

本当に二〇一二年 十二月 二十四日、記念すべき〈**新人類の生誕**〉セミナー開催の、今日の〈**光の宴**〉を境に、地上のすべてが根底から変わったことが、精神で、五感で、魂で、細胞一つひとつで体験させて頂きました。

セミナー前にサロンで見せて頂いた、実在する知抄の光のビデオでは、すでにこの**証**とも言える、地球の変容を見せて下さいました。ビデオに映し**出**された、〈**はつらつ元気教室**〉の、シニアのお一人おひとりが、本当に可愛く、光の楽園の中に、幼い子供達が集っているように、美しく、カラフルに見えるのでした。二本目のビデオは、〈アカデミー教室〉でしたが、朱のあまりにもその色の濃さを見て、その光の中に、百人以上の肉体人間が居ることすら、窺《うかが》い知る余地もないほど、光に同化されて、姿形が消えていることに驚かされました。このように地球全土が、救い主、知抄の光の子、光人等によって、紅蓮《ぐれん》の炎のような光で闇を焼き尽くし、黄金の光の帳の中に、統一されていることが確信出来ました。

十二月二十四日を越えて、とてつもない地球の変容、そして、光と化した地球の微細な高まりを感じ、もう三次元の肉体人間に戻ることなどできない、決してしてはならない、光の地球になっていることを判らせて頂きました。

今日より新たなる光の地球に適応出来るよう、確実な光の地球での歩みを、しっかりとしてまいります。私達光の子が、光人として確立し、知抄先生の前を歩み始めると、顕幽両界の無数の魂が次々と知抄の光を求め、共に立ち上がり、光の源目指して、とぼとぼではありますが、歩み始める様子が判りました。本当に感謝以外ございませんでした。

☆ このＰａｒｔ ３は
知球暦〈光元年〉Ｐａｒｔ １ 及び
知球暦　光三年〈人類の思考が停止する日〉
Ｐａｒｔ ２ と併読されますよう

〈12〉 二〇一二年 十二月 三十日
新しい光の地球の中で
お手本を示す歩み

今日サロン・ド・ルミエールで、長時間にわたるご指導を頂き本当にありがとうございます。お電話での途中、光人〈ヒカリビト〉から、知抄先生に代わられた時、本当に一週間前とは全く違う、言葉にならない衝撃《しょうげき》で、私のすべての細胞が、知抄の光に感謝と喜びで平伏すのが判りました。

十二月二十四日のセミナーからの七日間が、経ったと思えない程の、果てしない光への道程《みちのり》であったことを体験しました。しっかりと光のリズムに乗って従《つ》いて行く、光の子としての自覚を、この一週間で新たに確立出来ました。

サロン・ド・ルミエールでは、三六〇度すべてが、黄金の光の大海原で、その海は、途方も無く大きく、果てしなく広く、全体がうねるように波打っていました。私はその中で、胸あたりから上がやっと出て、その大きな光の波の中で、ゆらゆらとすべてを光に委ねておりました。目を凝らして見ると、その海面に、まるで浮島か何かの上に立たれているかのように、救い主、知抄様が、水面に立っておられるのです。近付きたくて、ずっとその方向へと進むうち、私の全身が、光の羽のような、薄くて透ける程の繭《まゆ》のような光に包まれました。いつの間にか、その大海原から全身が出ていて、黄金の知抄の光の帳の中を軽やかに、スーイ、スーイと飛んでおりました。見下ろすと、ずっと小さく小さく、サロンは、モスグリーンのいつもの絨毯が、黄色っぽく見えていて、空気もキラキラと光って黄金色が、少し煙っているように見えておりました。本当に、十二月二十四日の、〈**新人類の生誕**〉セミナー以降、ずっと、ずっと、地球全体の波動が、より微細に高まっているのが鮮明に見て取れました。

前へ前へと進むと、青いのに紺ではない、透明な明るい空に、無数の星が輝き、その下の方に、大きな山が一つ見えてまいりました。その山の麓《ふもと》から、私がいる所までは、黄金の光が、霞《かすみ》のようにたなびいていて、下界が見えず、山そのものが宙に浮いているように見えました。

瞬間、美しい星空と山のある所まで、地球を丸ごと抱えて、その光の領域まで、行かねばという思いが湧いてきました。決断した瞬間、**〈魂の光〉**は、黄金の救い主、知抄の光の威力によって点火され、〈魂の光〉が自由を得て羽ばたき、光生命体として作動し始めました。私が抱えている地球も、日本列島も、光を求める多くの魂も、すべて、救い主、知抄の光で統一されて行くのでした。使命遂行者として、〈大地を受け継ぐ者〉としての威力を、駆使出来ることが鮮明に判りました。後はひたすら、光の源に届くまで

救い主　知抄の光

暗黒の地球をお救い下さい—

の雄叫びと申しますか、魂が自然に、光の源の創造界に在られる救い主、知抄の光に導かれ、ひたすら、魂の奥へ奥へと、光の源目指して、突き進んで行くのでした。

こうして、サロンで、黄金の知抄の光の水辺にある時、本当に心臓も、肺の細胞一つひとつも、光呼吸でないと、光の子、光人であっても、地球に、同化出来ない程の地球の変容を実感させられました。

細胞の一つひとつが、すべてを理解し、判っていることが、人間の言葉で表すことも不可能で、既成概念が、全く通用しないことが、鮮明になりました。

本当に十二月二十四日以後、地球は大飛躍し、変容していることを私達がもっと認識し、お手本を示す必要を強く思いました。

〈13〉 二〇一二年 十二月 三十一日

地球を救い 人類を救う 大使命遂行の歩み

サロン・ド・ルミエールに、一歩入室した途端、本当に人間の気配も、呼吸すらも、実在の知抄の光の帳の中では、あってはならないような、聖域に在ることを、全身で感じ、思わず平伏すしかありませんでした。奥にある、誰も居ないはずのお部屋が、人間の言葉で例えるならば、実在の光が在られる御神域以上の、立ち入ることが出来ない、救い主、知抄の光の創造界であることが、唯々《ただただ》、圧倒される程の、絶対的な威力を放ち在ることを、感じるのでした。

一日一日と、三次元の地球を遙かに超えて、サロンの波動が微細に、微細に、至純至高となり、三次元の肉体人間が、そのままで入れないことが判りました。人間の言葉では言いようのない、光の源のかつて地上に降下したことのない、創造界に在られる救い主、知抄の光の領域の中に、今こうして、地球を救う、使命遂行という目的の為、この一時を、光と共に在りました。

救い主、知抄の光の水辺から下を覗くと、光の海の中に、無数の星々が輝いており、太陽は、東でも西でもなく、今まで知らない方角から昇り、地球の大地を照らしているのでした。地軸が随分とずれて、東西南北すらも、変わってしまったかのような、印象を受けたのでした。

そして、知抄の光の水辺では、山や川や大地が、瞬間浮かんでは消え去り、人々の営みも一人ひとりの魂さえも、全く生まれ変わり、新たに創り替えられて、〈**光そのもの**〉としての進化へと、導かれているのでした。

新たな光の地球へと、光を求め、切望し、知抄の光を求める者を光へと引き上げ、光の地球に同化していく威力を、〈**光人**〉は、救い主、知抄によって与えられ、それを光の源で、駆使する様が判りました。

地球を救い、人類を救う、大地を受け継ぐ者としての大使命遂行のこの動き、今のこの大きな地球光化の流れを二十四時間、決して、止めてはならないことを強く感じます。

地球を救い　人類を救う
　光の源直系の御使者
救い主　知抄の光に
　喜びと　賛美と　感謝を捧げます。

そして、
光の道を　邪魔する者は
　光によって　切られる

と、いうメッセージを想い起こしました。

〈14〉

二〇一二年 十二月 三十一日

知球暦 光三年と二カ月

感情生命体から光生命体へ

人間の世界では、今日は大晦日《おおみそか》です。本当に年末も、お正月も何か遠い過去のことのように、ものすごい光のリズムで、知球暦は、光三年と二ヵ月を刻み、今、光として、〈**光そのもの**〉として在ることを感じます。年が明けると、この速さは時空を超え、益々光のリズムに乗って、加速していくでしょう。

光の地球が、これからどうなるのか、三次元の肉体人間が、どのようにこの地球に、光と同化して住まわせて頂けるのか、全く予測すらできない、果てしない、永遠《とわ》なる光の源への、光の道を感じます。

三次元の暗黒の地球の中で、肉体マントで生きて来た人間が、今までの〈**感情生命体**〉ではなくなる、その瞬間まで、光に引き上げ〈**光そのもの**〉に、〈**光生命体**〉へと、誘って行くことが、私達光人の責務であることを、強く認識できました。

西暦二〇一二年、ここまでの三六五日の道程《みちのり》は、もはや記憶を辿《たど》ることすら出来ない程の、私達にとって有り得ない、進化の旅路で、光からの毎瞬毎瞬が恩恵でした。

これより、私達は、**二〇一三年 十月 十日**、知球暦光四年に向けて、地球も、人類も、すべて共に携えて、光の源目指し、まっしぐらに、救い主、知抄の光と共に歩む所存です。

〈15〉 二〇一三年 一月 七日

光と化した地球

光生命体として在り続ける覚悟

二〇一三年一月六日（日曜日）、神宮外苑サマディのお教室に入ると、実在する知抄の暖かい光が降りていることが、今まで以上に鮮明に判りました。この喜びと賛美と感謝に満ちる、生命の根源の知抄の光を求め、受け止めるか否かは、自由意思です。光の地球で、溺れている人間は、知抄の光を求める真摯な熱き思いと、瞬間すべてを知抄の光に委ね、

救い主 知抄の光

暗黒の地球をお救い下さい―

と、人間本来の姿、〈光そのもの〉に成れるよう、真摯な祈りにも似た雄叫びを、光の源に届くまで叫ぶことです。この教室に居ると、地球が光と化していることが、誰の目にも判るまでに、鮮明になっておりました。

教室を終えてから、横浜のサロン（２０１）に行きました。一歩入ると、知抄の光が実在として在られる光場になっていて、そこに居させて頂くこと自体、三次元の肉体人間にはあり得ないことが判りました。光の子であっても、二十年以上学んだお方でも、昨日入室されたお方でも、仕切り直しする方が続出でした。光の地球に同化する為に、智超法秘伝を駆使し、今迄と全く違う微細な、至純至高な救い主、知抄の光を受け止め、〈**光そのもの**〉になれました。そして、救い主、知抄の光を、厳然たる実在の〈**光人**〉として体現できました。

このことは、サロンに入室出来るか否かでなく、光と化している地球に適応し、人間側で同化して行かねば、共存共栄出来ないことを、人類のお一人おひとりに、伝えていく時が来たことを、切実に感じます。三次元の人間界で、どんなに賢く、理論、理屈を並べ立て反論しようとも、〈**魂の光**〉そのものにならない限り、言葉で理解することは、出来ないのです。光と化した地球をしっかりと認識し、自らの意思で光を求める決断が必要です。

その後、光人は、三階のサロン・ド・ルミエールに移りました。黄金の光の中を、光の源へと、光の道をどんどん上へ、何かに引っ張られるように、上昇して行きました。救い主、知抄の領域である、黄金の光の中に、花びらのような美しい赤い色彩が入って来ました。

　だんだんと明るさが深まると、朱の光になり、次にまた黄金色が強く増してきて、朱色が消え去ると、救い主、知抄の実在の光の方との一体感に包まれました。

　生命《いのち》を投げ出し、この一生《いちせい》を、光の源に捧げるということすらも超えた、人間のこの狭い言葉で、全く言い表せない、私という魂が、転生を経て来た、今までの過去のすべてをも、捧げることとなりました。それでも魂が持つ、**過去も**、**現在も**、**未来も**、すべてを無にし、救い主、知抄の光に、委ね、投げ出しても、まだ全託するまでに到らないのでした。

光の源へ向かう　光の道は
永遠《とわ》なる道であることが
一瞬で判りました

地球を見下ろすと、光の地球は、核からすべて、救い主、知抄の光で平定され、光が満ちて行くのが、私が身心共に、〈**光そのもの**〉に成ったことですぐに判りました。

光の源へ向かって感謝を捧げ進んで行くと、肉体を持ちながら、地上に今こうして、私の魂が、生を受け存在している意味が、鮮明に顕かになり、すべてが明確になって迫ってくるのです。

私の光と化した肉体の細胞が、一つひとつ遺伝子を媒体とし、人間の歴史の流れの中で、人類を、そして私を縛《しば》って来た、宗教や既成概念、それらすべての闇を根こそぎ、救い主、知抄の光の威力で、喜びと賛美と感謝に満ちる光に変えるのでした。細胞を通して、一瞬の〈今〉を照らすことで、過去から、そして、これから歩む未来も、知抄の光の威力によって、〈構築〉して行くのでした。三次元のこの肉体の存在を持って、地上に降りた今、**〈大地を受け継ぐ者〉**として、地球を救い、人類を救う、**〈光人〉**の使命の重さを再確認しました。

救い主、知抄の光を顕現する〈光人〉として、地球を救う強い自覚をすると、どんよりと覆っていた雲が急に晴れ、天空から月が出てくるように、光が現れました。同時に、高い山の頂が、目の前に突然姿を現わしました。その山頂目指し、一瞬で駆け上り、そこから天空へと飛び立ち、休むことなく飛び続けて行きました。

一瞬たりとも、立ち止まってはならない

の思いで、すべてを救い主、知抄の光に委ね、捧げました。そして、一瞬一瞬を、救い主、知抄の光そのものとして、地上を照らし、生きとし生けるものすべてに、生命《いのち》の光を注ぎ続けておりました。そうして行き着いたところは、巨大な光の粒子の集合体が、果てしなく円盤状に続いている、宏大な、台風のように、渦を巻いたところでした。その中心が〈**宇宙の入口**〉であることに、瞬間で気付かせて頂きました。

西暦二〇一三年一月一日、三日とサロン・ド・ルミエールで教えて頂いた、毎瞬の自らの存亡をかけた、智超法秘伝の、〈**光呼吸**〉の体得が、三次元の肉体マントを光のマントに即変容させて頂ける恩恵を、こうして使命遂行に生かすことが出来るようになりました。

ここ数年、私は、光の地球に、肉体が適応できなくて、身も心も大変苦しく、**次元不適応症**の体験をしています。

本当に、これより自らの存亡をかけて、人間であって、人間ではなく、〈**光生命体**〉として、生き続けて行く覚悟です。

〈16〉二〇一三年 一月 十五日
新しい光の大地 地球
光の源へ一歩でも近付く

今日、三階のサロン・ド・ルミエールに入室させて頂きました。ここは本当に、三次元の暗黒に居る、〈**闇人間**〉が、入ってはならない、入れるはずもないことを、思い知らされました。〈**光そのもの**〉でなくて、三次元の人間が、三次元の相対世界の時間・空間・因果律を超えないで、今までの感覚で入ることは出来ませんでした。

光の子であっても、そして、瞬間〈**光人**〉として確立出来る使命遂行者でも、例外なく、サロンに今日は、居れなかったのです。瞬間のこの〈**今**〉を、〈**光そのもの**〉として入室しない限り、知抄の光の帳、その光の水辺に、人間が居れないことを、体験として全員が判ったのでした。

理論も理屈も通用しない、人間智であがいても留まることが出来ない、光の刃《やいば》を、光の子等は、突き付けられたのでした。救い主、知抄の光に、委ねて、瞬間を白紙の心にして頂き、光そのものとして、新しく生まれ変わり、〈**大地を受け継ぐ者**〉としての生き様を思い知らされたのです。無知故の、偉大な救い主、知抄の光との途方もない隔たりを思い知りました。入室した光の子は、仕切り直しをするために、全員が退室し、やっと〈光人〉として、知抄の光と一体になれた使命遂行者のみ、再入室し、サロンに座すことができたのです。

この三階のサロン・ド・ルミエールは、知抄先生目指して降下された光のお写真の展示場として、一九九五年に開設されています。地上に一つしかない尊い、実在する光の源、直系の御使者、救い主、知抄の光の領域です。今では、二階の（２０１）サロンも、黄金の光場となっています。

三階での瞑想は、〈光人〉として確立出来た者しか、入室出来ないのですが、地球の光化が増すごとに、全員が、入室出来なくなることもしばしばです。そして、すべてを知抄の光に委ね、入静に入りました。

はじめ地球は、朱のような、紫がかった大きなうねりの、光の流れの中にありました。宇宙全体が混沌として、大きなうねりの中に、飲み込まれているようでした。その流れからやっと脱出すると、一瞬でしたが、私が小さな子供になっていて、たった一人で、雪の山道を黙々と登っていました。何故か昔の着物姿で、藁沓《わらぐつ》のようなものを履き、一歩一歩踏みしめて、広漠とした、その果てしなく続く道を、幼い子供なのに、進むべき方向を知っている様子で、

永遠《とわ》に続く、光の源への道

を、とにかく脇見もしないで、前へ前へと、ひたすら登って行くのでした。

次の瞬間目の前に、黄金に輝く、地球の姿が現れました。光そのものの地球は、先程までの地球より、一回り大きくなっていて、

ものすごく目映《まばゆ》いのです。その光の地球にいる人類は、今の地球に在る、三次元の肉体人間ではなく、一度すべてが無くなって、魂だけが再生し、新しい光の地球に戻ってきた様子で、それも全人類ではないように思えるのでした。

人類にとって、光の源に向かう光の道は、私達**〈大地を受け継ぐ者〉**が、こうして地球上に在る今、光の源の地球を光と化す大計画を成し遂げなければ、帰る所がないことが鮮明に判りました。本当に言葉に出来ない、魂が揺さぶられる程の、使命遂行者である**〈光人〉**の、担う重責が実感となりました。

今迄以上に、今よりすべてを、光の源の御前に投げ出し、救い主、知抄の光に委ね、真っ新な白紙の心で、至純至高なる、**〈光そのもの〉**になることを決意しました。そして、私が私であることも、こうして生きていることも、すべて私の存在の何もかもが、この瞬間に無くなるくらい、すべてを救い主、知抄の光に全託し、すべてを携えて、光の源の創造界に在られる、救い主、知抄の光の領域へと、ゆうらゆうらと行きました。喜びが細胞一つひとつから噴きあげるように、湧いて来て、感謝と身体の底から笑いがこみ上げ、その嬉しい衝撃で涙がこぼれ落ちました。

三次元の肉体の私（個）は、もはや肉体で生きてはおれないことが判り、すべて救い主、知抄の光に委ね、すべてを投げ出し、頭の中が白紙になり、真っ新になって、知抄の光の御意思を受け止め、その〈光の源の意図〉を降ろすことが出来ました。そして、頭の天辺から足先まで、もろもろの肉体の闇を、光で照らし、光に変え、再生するのでした。

小宇宙である、三次元の思考に支配されている肉体に、次々と乗っかって居付いている闇を照らすと、すべての地球上の大きな大きな光でない黒きもの等が、光に変わって行くのでした。エジプトもイスラエルもシリア、イラン、イラク、パキスタン、アフガニスタン、そして、中国も北朝鮮も、その黒きものの中にすべての国が例外なく含まれているのでした。

その黒きもの等を携え、光の源に向かって

救い主　知抄の光

暗黒の地球をお救い下さい―

と捧げると、その黒きもの等は光に変わりました。その一瞬の喜

びの中にあって、共に光を求める者を、光へと引き上げつつ、その黒きもの達に、足をすくわれないよう、

前だけ見て
光だけ見て

先へ先へ、光の源目指して、進むしかありませんでした。

気が付くと、私自身が彗星のようになって、宇宙の中を〈**魂のリズム**〉で飛んでいるのでした。宇宙の星々は、一つひとつが見たこともないほど輝き、その存在は、明るく、大きくて鮮明でした。光のリズムに乗って、天空を駆け抜けて飛んで行く私を、皆が見ているのでした。

次に再び地球が現れたのですが、その地球は、三六〇度すべての大地が、何千メートルもある高い山々が連なる地で、雪を被ったように白く光り輝いていました。空は薄いピンクと薄いブルーが混じった色に、黄金色が溶け合い、それは美しい色彩《いろど》で、彩られた景色でした。

彼方に見える地平線の左側から、黄金の大きな強い光が現れ、それは、見たこともないほどの目映《まばゆ》い黄金で、光り輝く大きな救い主、知抄の光のお姿が現れました。ずっと地平線に沿って右の方へと進まれると、三六〇度ぐるりと線を引くように動いて行かれるのでした。そのお姿の眩しさ、実在感は、今まで見たこともないものでした。三六〇度の大地が、新しい地球の、新しい生まれたての、救い主、知抄の光の地球であることが判りました。今の地球の地図で示された国境や、国々の現状すらも無いように見て取れました。
　私がその氷の大地に立って、手で雪を掻いてみると、その下か
ら地面のような、土のようなものが現れたので、生まれたてのそ
の土の上に座しました。そして、どんどん知抄の光をお迎えする
と、その氷に閉ざされた大地は、一斉に緑が茂り、美しい花々が
咲き、次々に開けていくのが判りました。大地が、新しく再生さ
れ、全く新たな地質が、そこに現出したのです。
　本当に、今のこの光の旅路で、立ち止まる間も、後ろを振り返
ることもできず、ただ使命遂行のみにて、地球を救うために、す
べてを携え、光の源に一歩でも近付くことで、進化し、前へ進む
以外にないことを判らせて頂きました。

〈17〉二〇一三年　一月　二十四日

新人類の先覚者
光生命体として生きる

神宮外苑、フィットネスクラブ、サマディ日曜教室、ありがとうございました。サマディで輪になった時、感じたのですが、本当に魂で知抄の光を叫び、光を求めている者にだけ、光が降りて来ることが、瞬間すごく鮮明になりました。目の前に在る光を、受け止めるか、否かは、本人次第であることが、誰が見ても判り、即光へと引き上げられる者と、そうでない者とが、識別できるまでになりました。人間側が、自らの存亡をかけて、光と化した地球を、救い主、知抄の光と共に歩む強い決断による、〈**自力救済**〉の旅路に、今在ることが見て取れました。

その後、サロン・ド・ルミエールに行き、目を閉じ、座しますと、宇宙空間が、夜明け直前のような、小豆色の紺に少し赤味がさし、紫がかったような混沌とした中にありました。黎明期《れいめいき》と思いました。そこを通りぬけて、どんどん先へ進む為に、〈**知抄の光と共にあります**〉――と、決断をすると、上へ上へと、頭から引っ張られるように、軽やかになって、上昇して行きました。

すると、目の前に白銀のような、果てしない拡がりのあるところに出ました。その中を光の源へ向かって、救い主、知抄の光を目指して、前だけ見て、知抄の燦然《さんぜん》と輝く光だけ見て、進んでおりました。すると、前方から白く発光する、丸い水晶玉のような存在が、意思を持って私に近付いて来ました。とっさに、ここで止まってはならないと私は決断し、前方に輝く救い主、知抄の黄金に輝く温もりある光だけを見て、脇見をしないで、前だけ見て先へ進むのみと光の源目指しました。更に先へ先へと、黄金の知抄の光の創造界を目指して、宏大な光の中を進んで行きました。

気が付くと、黄金の光の中に在りました。果てしない拡がりの中に在りながら、内と外とが一体に溶け込んで、境目がないのです。救い主、知抄の光の御意思と一体となっているのです。その御意思は、魂の奥から湧き上がってくる、その中に在るのでした。それは、喜びと賛美と感謝の中を、閃《ひらめ》きとして顕現し、光の地球に具現化されて行くのでした。

こうして、〈**今**〉というこの瞬間を、〈**光人**〉として、光の地球を構築する、決断に次ぐ決断の強い想いが、実在の〈知抄の光の吾等〉と共に、知抄の光の御意思そのものとして、多重に英知を駆使し、光と化し在る地球の構築を、賜るのでした。同時に、私と知抄の光が一体となっていて、肉体と光を、分離させる二分化的既成概念は通用しなくなっているのでした。

私は、〈**大地を受け継ぐ者**〉として、地球を光と化す〈光人〉であり、〈**救い主知抄**〉の威力を地球にもたらす使命遂行の想いが、湧き出で、喜びの中に在りました。光の子、光人が使命遂行者として、明確な目的を持ち、決断と確信で光を放った時、実在の知抄の光の威力が地球全土に作動し、光の地球の構築が、理想ではなく、本当に現実化されるのでした。

光の地球は救い主　知抄の光によって導かれる

との、実在する光からのメッセージがあります。

このように実に鮮明に、政治も経済もすべての生きとし生けるものの、生き様を光へと、良き方へと、現実化される中で、光人の使命遂行の決意と自覚を、確かなものにさせて頂けるのでした。

理論や理屈で、人間の頭だけの思考を巡らす、可視的な科学的に考えて来た、既成概念の視点では、光の地球に同化することは、出来ないのです。日常生活の中で、気付きを頂き、それ等を光の御意思で顕現し、目の前に在る闇を光に変えて、光の地球を構築して行く、〈今〉という一瞬の、〈光人〉としての言動が、地球へ実在として現実化するその速さは、身震いするほどの感動を覚える威力です。

光の子、光人は、三次元の暗黒の肉体から脱出し、

知抄の光と　共にあり

地球を救い　人類を救う

大地を受け継ぐ者として

使命遂行の確信のみ

を、今こそ鮮明に身に修めることができました。

今の光の旅路に於いて、ここからは、光の子、光人が、救い主、知抄と一体となって、地球を救い、人類を救う、光の源の地球を

救う大計画の担い手として、瞬間の決断に次ぐ決断で、闇を光に変え、大地を受け継ぐ者としての責務を果たすのみ、それ以外、私達には、何も無し。実にシンプルな生き様です。

光の子、光人は、時間、空間、因果律によって制約されている相対世界の三次元の地球で、肉体人間でありながら、智超法秘伝によって、〈**光へ行きつ、戻りつ**〉する術《すべ》を体得し、光の地球の礎《いしずえ》として、人類を光へ引き上げ続けるだけです。使命遂行とは、かくあるべきと目が覚める思いです。

〈**新人類の生誕**〉の先覚者として、光の地球の〈**光生命体**〉として、日常生活の中での小さな気付きと、日々の体験の積み重ねによって、人間進化のお手本を示して行くことになるのでした。

〈18〉
二〇二〇年　オリンピック　東京に決定
開催迄の七年間
〈光と闇〉の峻烈なる戦い

今朝のニュースで、二〇二〇年、オリンピック開催地が、東京に決定したことに伴い、瞬間瞬間、絶え間なく押し寄せて来る地球のすべての闇を、〈魂の光〉と共に光の源に届くまで、

救い主　知抄の光
暗黒の地球をお救い下さい―

と、雄叫びをあげ続けておりました。

どんどん、光の源へと、実在の知抄の光の威力で、目の前に立ちはだかる〈**黒きもの**〉を、次々と照らし、光へと変えて進んでおりました。

すると、ある瞬間、その光でない三次元の〈**感情生命体**〉が出す、〈**黒きもの**〉は、本当に途轍《とてつ》もなく大きいことが判ってきました。宇宙創造主、光の源の大計画の中で、地球が、光の源直系の御使者、救い主、知抄の光で統一され、人類が光の源を目指し、歩み始めた人間進化への光の道を、阻止しようとする勢力が、その背後に在るのが判りました。

宇宙の中のほんの小さな地球に、光の源の地球を光と化す、大きな流れに抵抗する〈**闇の勢力**〉が、今、宇宙規模で、〈**黒きもの**〉として、間断なく押し寄せて来る様子が、魂に鮮明に映し出され、言葉もありませんでした。

これから七年間の〈**光と闇の戦い**〉の中で、渾然《こんぜん》一体となって、人間が蓄積して来た、破壊的想念による戦争等が、世界各地で起こる気配が見て取れます。しかし、宇宙創造主、光の源の直系の御使者で在られる実在の知抄の光が、日本の地に、今、降臨されているこの事実に、絶対の確信を持ち、これよりの七年間を知抄の光と共に在る、揺るぎ無い、〈**光人**〉としての使命に生きる覚悟が湧いて来ました。

今日、二〇一三年 九月 八日、この日から始まるオリンピック開催の二〇二〇年迄の準備期間は、明らかに、日本列島が地球を象徴し、その雛形《ひながた》として、光の地球が、〈**地球生命体**〉として変容する、仕上げの為の、闇との一瞬たりとも止まることのない、戦いのスタートでもあることが、はっきりと認識出来ました。

オリンピック開催迄、七年間に日本列島で起こることが、すべて、光と化した地球の歩みと成り、人類存亡、地球存亡をかけて、これからの地球を映し出すことが、見て取れました。目の前に、今日、九月八日、突き付けられた、大きな大きな超えねばならない、立ちはだかる〈**黒きもの**〉を、瞬間瞬間、光に変えて歩まねばならない現実を、見せつけられたのでした。何か途轍もなく壮大な、本当に、宇宙の源の大計画の大きな流れの中で、重要な局面に今、私達が〈**光人**〉として在ることが鮮明に自覚出来たのです。

魂の奥から、〈**大地を受け継ぐ者**〉としての熱き覚悟が、決断に次ぐ決断として、溢れて来ました。それは、同時に、神話の中の国造りが、今、私達〈**光人**〉には、光の地球構築となって、現実のこととして、具現化して進む旅路に在る思いが致しました。

知らず知らずのうちに、人類も地球も皆、救い主、知抄の光の威力により、光の源の創造界の光の中に、地球丸ごと、すっぽりと入ってしまうことが、判って参りました。これからは、そのことが今迄以上に現実化されて、〈**光そのもの**〉に成れたお方には、より鮮明に、瞬間判るようになります。そして、新しい地球構築が、救い主、知抄の光の威力と共に、成されて行くことが認識出来る所へ、来ていることが判りました。

今迄、地上には、数々の神話が語り継がれて、遺蹟と共に残されて来ております。救い主、知抄の光によって統一された光の源の真実の光によって照らされる地球は、これからの七年間、一瞬一呼吸すら疎《おろそ》かに出来ない、〈**光と闇の峻烈な戦い**〉の中で、光の源の大計画を、人類は、日々の体験の中で、気付き、目の当たりにすることになると思います。

それまでに、日本列島に住まう感情生命体を、一人でも多く、〈**光そのもの**〉に変生しておかねばなりません。異次元の絶対世界である光に適応する為の〈**人間の変生**〉は、その〈**生き様《ざま》**〉の変容となります。**喜びと賛美と感謝の中**を、光と共に歩むことで、**真の自由と真の平等と真の平和**を地上にもたらすのです。それは、魂の光からの〈**英知**〉による、利他愛の顕現です。

本当に今、光と化した地球の重要なこの時に際し、賜ったこの重責、万感の思いを込めて、実在の救い主、知抄の光に、〈**全てを委ね**〉共に、使命遂行に邁進《まいしん》する所存です。

智《ち》超《ちょう》法《ほう》秘《ひ》伝《でん》

幸せを呼ぶ〈数《かず》え宇《う》多《た》〉

一　いちに　決断　Chi《知》-sho《抄》の光

二　にに　ニッコリ　喜び　賛美

三　さんで　サッサと　感謝を　捧げ

四　よんで　良い子　光の子

五　ごうで　GO！　GO！　光を放ち

六　むは　無口で　実践　感謝

七　ななは　Night《ナイト》 & Day《デイ》も　サラサラと

八　やあは　ヤッサ　ヤッサで　Be young

（身も心も　Be young）

九　ここは　ここまで来ても　永遠《とわ》なる学び

（謙虚《けんきょ》　謙虚《けんきょ》で　キョン　キョン　キョン）

十　とうは　トウで成る　成る　光の地球
（スーレ　スーレ　光の源《もと》へ）

喜び　賛美　感謝　スーレ
喜び　賛美　感謝　スーレ
喜び　賛美　感謝　スーレ
スーレ　スーレ　光の源《もと》へ

智超法秘伝　幸せを呼ぶ

数え宇多を　うたおう!!

数え宇多は
何も知らなくても
どこに居ても　口ずさめば
喜びと　賛美と　感謝に　満ちて
光へと誘います
0歳から　ご高齢の方まで
誰でも　楽しく　うたえます
数え宇多の　一つ　ひとつを
つぶやいても　大声だしても
楽しく　嬉しく　喜びに満ちるまで
〈魂の光〉と共に　光の源へ
喜び　勇んで　近付きましょう

○　声を出さなくても、また、形に捉われることなく、
楽しく、嬉しく、ご自由に 魂の奥へ奥へと。

光の源よりのメッセージ

素晴らしき仲間の詩《うた》

光の古里《ふるさと》　後にして
地上目指して　幾世層
地球浄化の　礎《いしずえ》と
素晴らしき仲间　今ここに

光の剣《つるぎ》を　共に抜き
結びし誓い　熱き思い

輝く光に　全て捧げ
素晴らしき仲間　ここに集う

揺るぎなき心　蘇《よみがえ》る
平和のために　生命《いのち》注ぐ
全てを照らして　進む道
素晴らしき仲間　光の友

一九九五年　九月　十七日　知抄　受託

あとの言葉《ことは》

十八年前、高千穂の天の岩戸神社に同行した折の事です。御神殿の正面に、知抄先生が立たれた時、地球にとって、そして、私達人類にとって、とてつもない事が、今、起きているのだという思いがありました。☆（カセットテープ No.④ 参聴）

同時に、その時から、今日までずっと、その折に、直感で受け止めていた、〈**いつか、第二の岩戸開きがある**〉との強い確信が十八年間、私の中で消える事なく続いていたのでした。

私は、昨二〇一二年 十月 十日以降の急ピッチな、私達の光への変生は、地球存亡、人類存亡をかけて降臨された、救い主、知抄の光からのメッセージ通り、本当に地球丸ごと、日本も、そして、人間の私自身の存亡が、限界を迎えているからこそ、〈**第二の岩戸開き**〉が始まったとの、思いを深くしておりました。救い主、知抄が決断した、二〇一二年 十月 八日、横浜のみらいホールで開催されたセミナー会場は、入った瞬間、〈**これぞ正《まさ》しく、第二の岩戸開きである**〉と、確信出来ました。

いよいよ待ったなしの、三次元の地球が〈**光**〉へと、移行した事が、セミナー会場に一歩、踏み込んだ時に、全身で判ったのです。もう何があっても驚かないぞ、と思いながらも、その後の私達光の子等の光への同化は、言葉にするのも畏れ多く、驚かずにはいられない奇蹟を通り越した、受け止めるだけでも大変な毎日でした。

政治、経済、教育、病気の多様化、少子高齢化、災害、福島原発の汚染水流出、凶悪な犯罪、地震、大洪水、竜巻、戦争等々……もう人智では、解決出来ないことが明白です。

私達は、知抄の光に出会い、二十余年、ここまで、〈**光生命体**〉に成れるまでに進化させて頂きました。すべては、あるがままを受け止め、自らの体験を、結果を、真実の証《あかし》として、奇蹟とも言えるここまでの旅路でした。いよいよ、地球を救い、人類を救う、丸ごと携えて、光へ行く、使命遂行が現実化されました。

光の地球に目覚めたお方から、共に、光の源《みなもと》目指して、光の旅路を、喜びと、賛美と、感謝で歩みましょう。

二〇一三年 八月 二十三日

光人（ヒカリビト）記

智《ち》超法《ちょうほう》秘《ひ》伝《でん》 教室案内

光の地球 永遠なる 光の源への道しるべ

〈智《ち》超《ちょう》教《きょう》室《しつ》〉・〈智《ち》超《ちょう》法《ほう》気《き》功《こう》〉

第1・3 (日)	〈研修科〉 智超教室 神宮外苑 フィットネスクラブ サマディ 11：00～12：20　03(3478)1455
第1・3 (日)	智　超　教　室　(四ッ谷・東京)
第1・3 (日)	高級内丹静功法 (四ッ谷・東京)
第2・4 (日)	智　超　法　秘　伝　(教室10年以上在席者) 実　技　講　座　(アカデミー会館・横浜)

〈光の子特訓〉講座　(地球浄化の礎の光)

第1土	サロン・ド・ルミエール 201

〈地球を救う 光人〉研鑽講座　(光の子・光人)

第2土	サロン・ド・ルミエール 201・(301)

☆ 岩間ホール、みらいホール、アカデミー会館、サロン・ド・ルミエールにて 随時セミナーを開催

連絡先：サロン・ド・ルミエール　FAX 045(332)1584
横浜市保土ヶ谷区帷子町1-3　インテリジェントビル201

又は　〒220-8691　横浜中央郵便局 私書箱　第145号
智超教室 宛

魂の光輝　光への道しるべ
智《ち》超法《ちょうほう》秘伝《ひでん》　教室案内

〈智《ち》超《ちょう》教室《きょうしつ》〉・〈智《ち》超《ちょう》法《ほう》気功《きこう》〉

月	蒲田産経学園 12：20〜13：50　☆	03(3733)1585
月	神宮外苑 フィットネスクラブ サマディ 19：00〜20：00　（大人）	03(3478)1455
火	神宮外苑 フィットネスクラブ サマディ 13：30〜15：00　☆	03(3478)1455
水	蒲田産経学園 13：00〜14：30　☆	03(3733)1585
水	スポーツクラブ ルネサンス 天王町 （横浜） 18：40〜19：40　（大人）	〈智超法気功〉 045(333)3737
金	神宮外苑 フィットネスクラブ サマディ 19：00〜20：00　（大人）	〈智超法気功〉 03(3478)1455
土	柿生スタジオ （小田急線 柿生駅より徒歩２分） 10：10〜11：30　☆	045(332)1584

〈親子教室〉

第１・第３（日）　10：00〜10：45　☆

〈ファミリー教室〉

第３（土）　11：00〜12：20　☆（当日受付可）
神宮外苑 フィットネスクラブ サマディ

☆　どなたでも０歳から年齢に関係なく参加できます。
直接、事務所にお問い合わせの上、ご参加下さい。

1996年 2月10日　　救い主の御魂であることを
告知される（大許山にて）

1996年 7月11日　　救い主 知抄の光の降臨

1997年 3月・1998年 3月・1999年 3月
地球を救う〈知抄の光〉写真展
銀座4丁目角　日産銀座ギャラリー

2001年 4月22日　　地球は光と化す
人類の思考が停止し 始める

2010年10月10日　　地球は知抄の光で統一
知球暦　紀元光元年

2011年 7月20日　　光の源の大計画 Part 1
☆〈知球暦 光元年〉出版

2011年 9月18日～ 9月25日
地球を救う〈知抄の光〉写真展
日産ギャラリー　サッポロ銀座ビル

2012年10月10日　　知球暦 光 3 年を迎える

2012年11月20日　　光の源の大計画 Part 2
知球暦 光三年 出版
☆〈人類の思考が停止する日〉

2012年12月24日　　光と化した地球　新人類の生誕
光生命体の誕生

2013年11月 5日　　光の源の大計画 Part 3
知球暦 光四年 知の時代の到来 出版
☆〈新人類の生誕〉

☆　URL：http://www.chi-sho.com/

≪ 知抄　光の足蹟 ≫

1989年　万里の長城にて、啓示を受ける

1990年　智超法秘伝と知抄の名称を受託

1990年10月　〈 智超法気功 〉教室開講

1990年10月　智超法秘伝　第１巻 気で悟る
〈 気 功 瞑 想 法 〉出　版

1990年11月　天目開眼功法　智超法秘伝　初公開
グラスゴー市、ロイヤルコンサート
ホールに於て（イギリス）　**（光になる）**

1991年 5月　智超法秘伝　公開表演
ソルトレイク市　キャピタルシアター
に於て（アメリカ）　**（光になる）**

1991年11月　智超法秘伝　公開表演
ボルドー市　アンドレ・マルロー
劇場に於て（フランス）　**（光になる）**

1992年 3月　智超法秘伝　本邦　初表演
丸の内、日本工業倶楽部に於て
（光になる）

1993年 3月　智超法秘伝　公開表演
丸の内、日本工業倶楽部に於て
（光になる）

1995年 7月31日～8月12日
宇宙からのメッセージ、光の写真展開催
ニューヨーク日本クラブギャラリーにて

1995年12月 1日　〈 Salon de Lumière 〉
サロン・ド・ルミエール　オープン
地球を救う〈 礎の光 〉養成始まる

光の源の大計画 Part 3
知球暦　光四年・知の時代の到来
新　人　類　の　生　誕

2013年11月5日　初版第1刷発行
2014年4月15日　初版第7刷発行

著　者／知　抄
発行者／韮澤 潤一郎
発行所／株式会社たま出版
〒160-0004 東京都新宿区四谷4－28－20
☎03-5369-3051（代表）
http://tamabook.com
振替　00130-5-94804
印刷所　株式会社エーヴィスシステムズ

ISBN978-4-8127-0366-3　C0011